大是文化

華頓商學院給內向者的表達課

The Introvert's Complete Career Guide:
From Landing a Job, to Surviving, Thriving, and Moving On Up

找工作、談薪資、交朋友……
不管你表現自我的力量有多微弱，
今後都能被看見。

華頓商學院職涯探索講座課程創辦人
美國認證職涯諮詢師
簡・芬克爾（Jane Finkle）──著　吳宜蓁──譯

本書獻給我的父母，他們是勇於創新的思想家，鼓勵我追求所愛。

同時，也獻給不畏懼聲音有多微弱，仍藉由自己的力量找尋勇氣和獨特性的內向者。

Contents

Contents

第7章 談薪：要到你該要的，對方還很愉快——187

第8章 內向的你如何適應新環境——215

Contents

推薦序
人人都能靠「表達力」出頭天

一〇四資深副總經理／晉麗明

初入社會，我曾經在管顧公司從事教育訓練的推廣工作，除了培養業務行銷的能力外，最大的附加價值是能夠免費聆聽企管名師的精彩講座！

記得我曾參與臺大心理研究所黃光國教授的課程，他提到自己如何靠著不斷的練習，甚至到國中教授冷門的學科，來克服表達的障礙，進而成為優秀的演講者。

「嘴要能說、手要能寫」是黃光國認為上班族最重要的兩項競爭力，因為如果不能用良好的語言與文字能力來行銷自己，即使具備專業的知識與技能，也無法充分展現。

口語表達的能力，是提升職場競爭力的關鍵技能。然而，臺灣的學生與上班族普遍沒有主動表達的勇氣與意願，所以經常出現當老師在課堂上問：「有沒有問題？」臺下通常是一片靜默的現象。

此外，臺灣人才前往大陸工作，明明有七分實力，卻只說三分；而大陸的本地上班族則是有三分專業，卻能吹捧到十成的功力。多數臺灣人才顯然都屬於「務實打拚、認真低調」的個性，這在職場上非常吃虧，也會與高薪及主管職位擦身而過。

研究指出，具備優秀表達能力的人，會被認為是聰明、有領導能力，並被企業委以重任，遇到困難，也容易得到他人的協助；而不擅表達的人，則被視為反應慢、沒自信、無法承擔責任，也難以組建團隊、擔任管理職務。

在一〇四人力銀行的觀察中，也發現在求職、轉職的過程，求職者如果能撰寫嚴謹、針對應聘工作「量身訂做」的履歷表，同時在面試時從容不迫、有條理的表達、陳述自己的專業、績效與工作意願，往往是得到企業青睞與高薪的關鍵原因。

在現實、競爭的職場與生活中，積極行銷自己是現代人展現自信與活力的重要關鍵，也是擁有舞台、讓自己無可取代的有效方法。

內向、低調也許有助於潛心鑽研專業與技能，但是在自媒體、社群及網路的時代，要發揮影響力，就得突破內向個性的瓶頸，勇敢靠表達力為自己發聲。

本書中，作者藉由其親身的經驗與觀察研究，提出很多重要的觀念與方法，能為廣大的上班族，提供指引與努力的方向。

期盼年輕學子、上班族朋友能夠突破內向的個性特質，勇於表達自己的想法與意見，為自己的人生與職涯，創造更大的自信與更耀眼的舞台！

前言

不必外向，一樣成為職場搶手貨

我是個內向者，這個特質在我小時候就顯現出來了。我媽媽會讓我坐在廚房的磁磚地板上，遞給我一個鍋子和一些餐具，我就**可以一個人在那裡玩上好幾個小時**。相反的，我哥哥很活潑，他可以和路上的陌生人暢所欲言，也會利用吵鬧的方式吸引媽媽注意，所以當我出生之後，媽媽對我們的性格差異很驚訝。不過，她很高興我能用簡單的道具找到樂趣，也不需要太多的人際互動。

事實上，我並不是家裡唯一的內向者，我只是那一長串清單中的一員。我奶奶的創業家精神，是受到我內向的爺爺強大的支持，他很享受待在幕後的感覺。而我那不善社交的爸爸，總是抱怨即將到來的社交聚會，儘管他生性沉默寡言，但他還是會參加這樣的聚會。

在我年輕的歲月中，隨著家中地磚逐漸泛黃、人生逐步開展，我依然喜愛沉浸在靜態的活動，像是藝術、工藝和閱讀，讓我得以平衡學校活動和人際互動的壓力。我安靜含蓄的特質並沒有阻擋我培養友誼，反而因為我不願意彰顯自己的聰明和大膽，吸引到很多朋友。

我喜歡聽他們的故事，想出解決他們問題的方法，最重要的是，我樂於幫助他們改寫人生的篇章，讓他們迎向美好的結局。現在回想起來，我獨特的內向性格引導我走上諮詢這行，其實一點也不意外。

偏外向？偏內向？請回答

關於外向和內向者的討論，最常見的內容就是關於哪些人會表現出這些傾向，以及發生的原因。你可能已經做過一些網路上的測驗，或是邁爾斯・布里格斯測驗（MBTI），去了解自己屬於哪一類。MBTI 測驗是一種心理測量問卷，目的是測量人們感知世界和做決定的心理偏好，由心理學家凱薩琳・布里格斯（Katherine Briggs）和她的女兒伊莎貝爾・邁爾斯（Isabel Myers），根據精神病學家卡爾・榮格（Carl Jung）的心理類型人格理論所提出。這項測驗的出版商宣稱，這是「世界上最廣泛使用的性格評估」[1]。

想要融入一個代表某種身分類型的類別，是很自然的行為，尤其是當這個身分能讓我們更加了解自己和他人，並解釋我們互動的天性。但要注意，不要因此為自己設限，**外向和內向都是自然的表現，而不是固定的標籤。**

所有關於內向和外向者的炒作是從哪裡開始的？榮格發展了一種被稱為「心理類型」

的理論，這種理論將人的性格特徵描述為性格模式。根據榮格的觀點，外向和內向就是這些性格模式中的兩種，**主要是看一個人如何表現自己的能量**[2]。當外向者接觸到廣闊的世界和多元化的機會時，他們會更有活力。當他們和其他人在一起從事各種活動時，他們的能量會綻放；另一方面，內向者的能量主要來自內心世界。他們並不浮誇也不愛現，很享受孤獨的生活，這樣才能從內心探索自己的感覺和想法，過著不受干擾的反思生活。

內向者通常被描繪成缺乏社交技巧的人，喜歡躲在簾子後面往外看，滿足於扮演旁觀者的角色。相較之下，外向者被視為社交花蝴蝶，他們肯定會待在聚光燈下，認定自己的位置就在舞臺中央。雖然我們參與的社交生活可以反映出性格類型，但這種常見的觀點並不準確。其實，內向者和外向者的區別，跟我們如何表達和引導自身能量比較有關。

內向者不一定是害羞或有反社會人格，相反的，他們往往是敏銳的觀察者，善於傾聽。一般來說，內向者在會議或社交聚會開始時，都不太願意插嘴，他們會保持安靜並持續反思，而比較熱情的外向者則會積極參與並提出想法。內向者本質上是很好的聆聽者，他們

---

1 "*A Positive Framework for Life-long People Development,*" Consulting Psychologist Press, www.cpp.com/en-US/Products-and-Services/Myers-Briggs.

2 Carl Jung. *Psychological Types*. Princeton, New Jersey: Princeton University Press, 1976.

比較喜歡先吸收所有相關資訊後才開口說話，但總會做出切中要點、深思熟慮的分析，讓聽眾大吃一驚。

回答下面的問題，幫助你判斷自己的個性是否落在內向者的範圍中：

A 我喜歡和別人聊天。
B 我討厭瑣碎的閒聊，喜歡直接講重點。

A 我對於周遭發生的事情比較有興趣。
B 我對於自己的想法和感受比較有興趣。

A 別人常常形容我活力百倍。
B 別人常常形容我很文靜、保守。

A 我喜歡跟團隊一起工作，勝於獨立作業。
B 我可以和團隊一起工作，但會渴望有獨自工作的時間。

A 對於突如其來或出乎意料的問題，我會是最先做出回應的人。
B 對於突如其來或出乎意料的問題，我會希望由其他人回應。

A 我喜歡說出自己的想法。
B 我喜歡隱藏自己的想法。

A 我傾向於邊說邊想。
B 我會思考過後才開口。

A 在團體和社交活動中，我能輕鬆的找話題。
B 在團體與社交活動中，當我和別人第一次見面，我會傾向於聽他們說話。

A 週末夜晚，我喜歡和朋友或家人出去。
B 週末夜晚，我喜歡在家享受一本好書或電影。

A 在會議中，我對自己即將講述的內容有個大致的概念。

B 在會議中，我會預先想好我要說的一字一句。

A 我可以在一個愉快的宴會中待到最後一刻。

B 宴會開始幾個小時後，我就想離開了。

如果你選擇的 **B** 比 **A** 多，就表示你有內向者的傾向。不過，如果你依然不確定自己到底是內向還是外向者，看看左列敘述，何者最能代表你，並看看你直覺的傾向是什麼。

內向者	外向者
給別人能量	從別人身上得到能量
反思的	主動的
保守的	外向的
安靜的	擅長表達
愛做白日夢	講求現實面
觀察者	積極主動
隱私	開放
獨處	受到群體吸引
深度	廣度
不喜歡閒聊	愛說話
認真嚴肅	隨和易相處
說話前先思考	邊說邊想
專注力高	容易分心

如果你在內向者的欄位中選擇了八個以上，你很可能就是傾向於內向性格。

如果你完成上面的問卷後，發現自己處於中間位置，或發現自己對表格的兩邊都認同，你可能就是我所說的「內向的外向者」。就像我之前說過的，這些性格類型只是偏好而已，不是一成不變的，因此也會受到其他因素影響。例如，環境會影響性格類型。即使你認為自己天生內向，也可能會遇到需要更多外向技能的情境。隨著你發展這些技能，舒適的範圍可能會擴展得更大，把性格類型的指針略微移動到外向者那一邊。

我在賓州大學（University of Pennsylvania）工作時，很重要的一部分是接觸學生、教師和員工，與不同部門配合開發專案。此外，與關鍵利益相關者建立關係也同樣重要。儘管我認為自己在量表上絕對屬於內向者，但我還是被迫學習一些較外向的技能。剛開始感覺既不自然也不舒服，但是這些需求就像鍛鍊新肌肉，逐漸建立起我的信心，並成為一個令人滿意的驚喜。

隨著時間過去，我發現自己開始能享受走出去接觸人群這件事，無論是親自走訪，還是在網路上建立個人網站。然而，我的性格至今仍是融合這兩種類型，雖然我在挑戰內向者性格的情境中得到許多快樂，我也承認我對大型社交活動還是會畏懼。

你的內向來自你的文化？

要確定你是否屬於內向者，也要考慮一下內向可能是你所屬的文化特徵。心理學家羅伯特・麥克拉（Robert McCrae）的研究顯示，在三十六種文化中，亞洲和某些非洲文化傾向於內向，可能是因為這些文化都強調傳統、保守和順從的結果[3]。然而，這種普遍性的內向絲毫沒有阻礙這些文化的成功，根據皮尤研究中心（PEW Research Center）的調查顯示，亞裔美國人教育程度最高、擁有最高收入，是美國發展最快的種族群體[4]。

在美國，我們生活在一個崇尚外向的文化中，主動是有回報的、暢所欲言是令人鼓舞的、採取行動是值得稱讚的。遺憾的是，對於內向者來說，這樣的現實可能會讓他走在外向者的陰影中。為了在這種文化中過著幸福快樂的日子，內向者必須先學會理解與欣賞自己的個人價值，然後**用少許的外向技能來平衡內向性格**。

在與內向客戶打交道的過程中，我發現他們無論是在工作中得到很大的成功，還是在求職、尋找新方向之際，很多人都質疑自己的價值和競爭力。從他們的經歷和我自己面對的挑戰中，我發現了一些共同點，認為自己必須探索和發現一些方式，讓內向者可以善用自身優勢，帶著自信去爭取新機會。這些發現幫助我創造出能幫助我客戶的工具，無論他們在人生的任何階段、專業程度如何，都能在職涯中成功。這些經驗也啟發我寫一本書，把這些知識傳遞給其他內向者，賦予他們自我接納的能力，讓他們得以閃耀光芒。

「加速時代」的生存競爭，你得克服兩件事

你可能已經注意到近年來的職場變化：抓住一份你認為能讓你在公司穩步晉升的工作不放，就這樣待到退休，已經是過去的事了。我們擁有各種行動裝置，花好幾個小時在工作上，還要回覆聊天訊息、貼文和電子郵件。《紐約時報》專欄作家佛里曼（Tom Friedman）將這種現象稱為「加速時代」[5]，在我們試圖跟上科技進步的速度、承受全球化的影響時，我們正處於一場喘不過氣的競賽當中。

---

3 Robert R. McCrae. "*Human Nature and Culture: A Trait Perspective*," Journal of Research in Personality 38 (2004): 3–14.

4 Wendy Wang. "*The Rise of Asian Americans*," Pew Research Center Report, March 2012.

5 Thomas L. Friedman. *Thank You for Being Late: An Optimis's Guide to Thriving in the Age of Acceleration*. New York: Fisher, Strauss and Giroux, 2016.

這樣的趨勢正在職場營造新的不確定性。人工智慧和自動化已經取代許多傳統行業的工人，雖然仍有新工作正在產生，但雇主們也積極尋找方法，聘用獨立承包商或臨時工來降低成本，而不再填補永久性職位。這個現實引發了所謂的零工經濟（為單一專案或任務招聘員工），增加就業市場的不可預測性。關於美國零工與長期工的比例，目前還沒有確切的統計資料，但哈佛大學的勞工經濟學家勞倫斯・卡茨（Lawrence Katz）和普林斯頓大學的艾倫・克魯格（Alan Krueger）在二〇一五年進行的研究發現，零工已經占美國勞動力的一五・八%[6]，並預測到二〇二〇年時，零工勞工的數量將持續增加。

在這個加速發展的時代，最重要的生存工具之一就是創業技能。雖然你並不一定要成為一名創業者，但**你的思考模式得像個創業者**。這種新的職業發展方式稱為「自創思維」，這是領英（LinkedIn，類似臉書的社群網站，主要是商業人士使用）創始人雷德・霍夫曼（Reid Hoffman）和企業家班・卡斯諾查（Ben Casnocha）[7]創造的一個短語，並在他們的暢銷書《自創思維》（*The Start-up of You*）中討論過。

從這個角度來看，**你的職業成功與否，取決於你自己的特質和創造自己的職業機會**。作為你自己這個新創企業的投資者，你要藉由培養解決問題的技巧、鍛鍊創意思考、磨練書面和口頭溝通能力，以及進一步建立關係和合作，來獲得競爭優勢。在當前的工作環境中，科技加速發展帶來永無止境的變化和混亂，更加需要某些個人特質，比如積極性、好奇心、靈活度、適應性與韌性。

為了在工作環境中保持高度競爭優勢，你需要深呼吸、接受風險、致力於終身學習，並且善用專業人脈。那麼這個環境對內向者有什麼特別的影響呢？他們該如何克服天生的焦慮，與外向者競爭，獲得他們應得的榮譽或升遷？**內向者在工作中面臨著兩大特別困難**的挑戰，但還是有解決辦法的：

一、向雇主展示價值

員工必須透過解決問題、提供正面結果、提出新想法來達到最高表現。最重要的是，他們必須展現自己的成就，以及創造這些成就的天賦和技能。

這對內向者來說特別困難，因為要在這種環境成功，就必須勇敢開口、行銷自己，並在工作的基本職責之外採取主動——這一切對內向者來說都是很大的挑戰。因此，他們總是站在一旁，而那些有能力、有自信主動出擊、敢於自吹自擂的社交高手，卻能得到工作、晉

6 *Lawrence F. Katz and Alan B. Krueger. "The Rise and Nature of Alternative Work Arrangements in the United States, 1995–2015,"* National Bureau of Economic Research, September 2016, Working Paper 22667.

7 Reid Hoffman and Ben Casnocha. *The Start-up of You*. New York: Crown Business, 2012.

升和所有的關注。

這本書將教你一些技巧，幫助內向者運用反思的技巧，來表達自己的想法和主意，這樣他們就可以在視訊會議、面試或各種場合中，有自信的表達自己。此外，還有一些工具，像是將個人特質列出前十名，可以為你的履歷增添色彩，也可以用來回答常見的面試問題，像是：「你能介紹一下自己嗎？」最後，我還提供了一些範例，只需要三十二秒就能介紹自己，這將減輕內向者與不認識的人見面的焦慮。

二、發展與維繫關係

職場的人際關係能為重要專案提供指導和支援、了解該領域或產業的趨勢，並增加將來的機會。內向者絕對有能力維持良好的人際關係，但因為他們傾向保護隱私，所以經常忽略要在事業上獲得成功，人際關係所扮演的角色有多重要。

為了幫助內向者建立人際關係，本書提供了七個步驟，教你如何和主管、客戶培養關係，並建立有效溝通。另外，還有職業生存和發展的八個關鍵，概述你可以採取的步驟，以確保無論是在辦公室或虛擬環境中，你都能受到關注。

身為一個內向者，我是以理解、同情加上一些辛苦得來的智慧，來探討這個話題。我曾是**賓州大學的職涯顧問**，主要幫助文科、商科的學生和校友。我幫助學生確定職涯目標，並輔助他們找到工作，但因為我太害羞，不敢在員工會議上發言，所以我的新想法和專案都得不到關注，更不用說過去的成就了，我也因此錯過寶貴的晉升機會。

幸運的是，我的新主管注意到我的能力，並肯定我過去諮詢成功的案例和創新的專案理念，接著指派我到賓州大學委員會擔任委員，並向高階職員報告。藉由這些挑戰，我逐漸建立起信心，順利在和恐懼的戰鬥中獲勝。當我終於開口說話，並為自己所做的工作贏得讚譽時，我晉升為**華頓商學院大學部的副主任，負責引導就業服務**、指導員工和研究所實習生。

我知道，如果我想邁向自己的最終目標，成為一名創業者，擁有自己的職涯諮詢顧問公司，我就必須克服對自我推銷的恐懼。

我藉由承認自己的恐懼採取行動，再一次達成了目標。我向許多專業人士尋求建議，並開始培養自己的能力，讓自己成為一名演講者，在各種組織中舉辦研討會。我強迫自己運用領英拓展自己的專業網絡，並在專業協會中擔任領導職務，同時，我也在自己的部落格和社群媒體上撰寫一些職涯建議的文章。

雖然我試圖克服阻礙我的內向性格，但我也注意到，其中有某些特點其實可以成為我的優勢。例如，我發現自己安靜傾聽客戶的本質，讓我能夠深入而專注的觀察客戶的問題，這轉化成一種真正的傾聽技巧。接著，因為我需要時間來整理我的想法，直到我覺得準備好了才會發言，這些空檔能讓我對客戶面臨的障礙有更深的理解，比立即發言的效果好很多。

這種深思熟慮的方法，使我具備較強的分析能力，進一步讓我成為一名有效的問題解決者，能夠為客戶設計出適合的解決方案。

最後，**我開發一系列成功的工具，專門用來幫助內向者克服障礙，發揮出更佳表現**。為了做到這一點，我把自己對客戶問題和行為所做的觀察，和我對心理學文獻深入研究所得的見解結合起來，尤其是約翰・克倫博茨（John Krumboltz）的〈偶遇學習理論〉（*Happenstance Learning Theory*）、馬汀・塞利格曼（Martin Seligman）的《習得的樂觀主義》（*Learned Optimism*）以及亞倫・貝克（Aaron Beck）的認知行為理論。我也應用了自己身為邁爾斯・布里格斯評估專家的培訓，為那些希望更了解自己性格、職涯選擇和工作環境影響的人，評估他們的測驗結果。

事實證明我研發的系統非常成功，因為它注重內向者最不擅長的領域：自我推銷、當面或在網路上展露自己、主動進取、在會議和社交活動中開口說話、主動與同事建構良好的人際關係，以及在會議上強而有力的表達立場。在我的客戶使用這些工具和技巧之後，他們說，無論是在社交活動、社群媒體或是面試中，他們對表達自己感到不再那麼害怕，而且更加有自信。與此同時，那些已經就業的人表示，他們現在明白了，在現有的工作崗位上，該採取哪些步驟才能繼續升遷。這個系統，就是《華頓商學院給內向者的表達課》的核心。

第一章

洋蔥式測驗，揭開你的與眾不同

根據邁爾斯・布里格斯測試的性格類型定義，以及《內向心理學：享受一個人的空間，安靜的發揮影響力，內向者也能在外向的世界嶄露鋒芒！》（*The Introvert Advantage: How to Thrive in an Extrovert World*）[8]的作者，心理學家瑪蒂・蘭妮（Marti Olsen Laney）所做的研究，內向者通常具備聚精會神的能力、平靜和同理心的特質、觀察力敏銳，是很好的傾聽者。

然而，當你想到自己的內向性格時，可能會把注意力集中在這種保守天性的消極面，像是不開口或不採取行動。派對上的笑聲和歡樂圍繞著你，而你感覺自己被忽視了，就像壁

---

8 Marti Olsen Laney. *The Introvert Advantage: How to Thrive In an Extrovert World*. New York: Workman Publishing, 2002.

花一樣，你的沉靜和深思熟慮能讓朋友和同事平靜下來，但這些性格特徵無法推動你找工作，也不會讓你得到升遷。不過，如果你利用自己集中精力思考問題的能力，你可以像任何外向者一樣成功。畢竟，壁花也是可以盛開的！這一切都始於關注你正向的人格特質，並深刻的理解自己能帶來什麼樣的貢獻。

我發現，**對許多內向者來說，最大的挑戰就是表達自己的獨特之處**，尤其是在沒有時間仔細思考答案的情況下。例如這樣的問題：「你會怎麼描述自己？」或「你的強項是什麼？」這些都是你在探索新職業、尋找工作、與主管交談或是參加面試時，很可能被問到的問題。身為內向者，我們分享自身資訊的方式，就像剝洋蔥皮一樣，隨著我們越來越了解對方，才會逐漸敞開心扉。然而，雇主和專業人士都希望能立即得到答案，他們要的是一頓完整的「資訊全餐」，包括你的過人之處是什麼、你將如何為這個產業或領域增值等。

如果你想成功，就必須清楚的知道你是誰。大多數內向者的內心深處都知道是什麼讓他們與眾不同，但是要找到合適的詞語來表達自己的獨特之處有難度。即使你欣然贊同這些話，誇讚自己畢竟不是你的天性，因此，想在不顯得自負的情況下，給人留下有才華、有能力的印象，同樣也很棘手。

仔細做一次自我評估，就像打開一份自我覺察的禮物，它既能讓你了解自己的優勢，又能讓你在專業領域中推銷自己。我在這一章設計了一系列的練習，幫助你辨識和評估你的成就、價值觀、技能、興趣和個人特質，讓你察覺自己的優勢，並有信心向領域中的專家或雇主表現出你的特質。

也許你不相信完成一系列的練習，就能幫助你在未來遇到雇主或人資部門問你這些大問題時，克服不知道該說什麼的恐慌。但請繼續關注，因為我將向你展示一個完整的範例，告訴你如何消除恐懼或自我懷疑。這個自我評估的過程正符合你天生的內向特質，喜歡「深入挖掘」或往內心尋找的傾向。你會揭示獨特的優勢和能力，並發現什麼對你來說最重要。這些見解可以用來創造一個引人入勝的故事，讓你渴望在社交活動、視訊會議、領英個人資料、面試或績效評估中表達自己。

從以往成就中找當下賣點

毫無疑問，在你的一生中，你絕對能列出許多值得驕傲的成就，這些可能是你私人的成就，比如學會修理爆胎、跑五公里馬拉松、烹飪美食、規劃家庭活動，或是與職業相關的成就，如寫提案、培訓員工、引入新專案，或創建資料庫等。無論是簡單還是複雜的事，只要是成就都能帶來自豪的感覺，增強自信。它們也會讓你清楚自己的整體興趣、技能和價值觀，可以集結成一些形容詞或句子，用來描述自己是什麼樣的人、目標是什麼。當你完成這些練習後，你就會確切知道該如何陳述自己的成就、這些成就表示你可以為工作增添哪些價值，以及在面試時，怎麼推銷你的職業經歷。

讓聚光燈照在你的成就上，這是一個最積極正向的方法，讓你理解什麼對你的生活最有意義。完成下面的成就練習也是一個很好的方法，幫助你走出超量的謙虛，給自我一些鼓舞，為自己的成就感到自豪。

當我在賓州大學教授一門職業評估課程時，我用自己的例子來模擬「成就練習」，列出我最喜歡的三項成就，然後問學生，根據這些成就，他們會認為我是什麼樣的人：

一、打造我的第一座花園。
二、當鎮上的紀念日遊行結束時，在一群觀眾面前背誦林肯的〈蓋茲堡演說〉。
三、為賓州大學華頓商學院的學生設計、規劃首屆職涯探索研討會。

我要求全班同學幫助我找出與這三項成就相關的興趣、技能和對應的價值觀。他們為每一項成就所提出的內容，都擴展了我對自己的了解：

一、打造自己的第一座花園

- 技能：平面設計、創意思考、計劃、問題解決。
- 價值觀：美學、創意、學習。

二、蓋茲堡演說

- 技能：公開演講、表演。
- 價值觀：認可、創意。

三、職涯探索研討會

- 技能：研究、寫作、面談、教學、指導、組織、問題解決、創意思考。
- 價值觀：創意、知識、認可、幫助他人。

我再請學生們將所有資訊濃縮，歸納出我的重要技能與價值觀，結果如下：

- 技能：書面與口語溝通、問題解決、公開演講、諮詢。
- 價值觀：創意、認可、知識。

我曾多次使用他們的分析來回答「描述你自己」以及「你的優點是什麼？」記住，你不必成為奧運冠軍才會有成就感。成就可以是與職業相關的、與個人相關的，也可以是兩者的結合，可以是你曾遇到的挑戰、你在創建專案或計劃時獲得的成功，甚至是一個簡單的善舉。找出至少三個讓你感到驕傲的成就，加上每個成就附帶的技能和價值觀，然後將成就、技能、價值觀依序寫下來。

你可以一路回溯到中學時期，或許你是田徑隊、曾撰寫過校刊，或是曾在班級或社團中擔任幹部；在大學時期，寫過一篇傑出的研究報告、出國留學、擔任志工等，全都是重大成就的例子；在工作中，想想你在具有挑戰性的專案、報告、演說、領導角色和創新等方面的成功。

你也可以請同事或朋友替你看一下這張清單，或許他們還能再加入一些其他內容。因為如果你是內向者，你很可能會忽視自己的某些優點。

「價值觀」是幸福感的關鍵，請選出五項

為了更深入理解你認為最有意義的事情，讓我們想想「價值觀」是什麼意思，以及為什麼它很重要。就其本身而言，**這個詞可以表示一個人的原則或標準**，但在這裡，它反映了

你想像中理想工作的許多潛在方面，像是你的實體環境、目前正在做的工作類型，或者它背後的哲學。

在尋找新的工作或晉升機會時，**最好要確保你所追求的工作支持你最重要的價值觀**。如果你感覺這份工作好像缺少了什麼，那就表示你的某些價值觀受到了損害。從另一方面來說，當你認為一份工作有顯著的回報，表示你的日常任務和工作環境與你的職業價值觀一致。例如，如果你重視創意，你可能會喜歡在廣告或平面設計領域工作。

要準確定位你的個人價值觀，問問自己這些以職業價值為導向的問題：

一、與他人合作是否比獨自工作更有吸引力？
二、你喜歡你的職責是有清楚規劃的，還是比較喜歡有一些創意的空間？
三、你想在一個幫助別人的環境中工作嗎？還是你喜歡讓程序更有效率？

從一開始就理解哪些價值觀對你來說最重要，等於是提供了一個指南針，讓你能更謹慎的判斷各種職業選項，以及工作中各種選擇。它也能為你的動機和目標提供一個明確的方向。談到價值觀時，內向者那種向內看的自然傾向會對你有利，因為你總是在尋找意義。

你覺得**下列何者最能支持你目前的職涯和人生目標？請選出五項**。

- 社會關懷：做某些對公共利益有貢獻的事情。
- 幫助他人：直接參與幫助個人或某個小群體。
- 公共接觸：與人進行大量的日常互動。
- 支持型關係：與同事建立有益的關係。
- 專業成就：達成高績效與職涯成就。
- 決策：有權決定行動方針和政策。
- 獨處：獨立完成案件。
- 競爭：參與一些能清楚分出你與他人能力高下的活動。
- 權力：對人物或制度有影響力。
- 快步調：在有大量活動和任務必須快速完成的情況下工作。
- 平衡工作和生活：在工作和個人生活之間達到健康的平衡。
- 興奮感：在工作中體驗興奮感和高風險。
- 財富：賺一份可觀的薪水。
- 認可：接受大眾對你工作品質的認可。
- 獨立：在沒有他人指導的情況下，確保自己的工作品質。

- 正直：覺得工作有助於建立一套對你很重要的道德規範。
- 地點：找一個有利於你生活方式的地方居住。
- 知識：不斷追求知識和真理。
- 智力程度：成為某一領域的專家。
- 創意：為專案、書面內容和機構組織提供新想法。
- 遠景：參與未來的方向和大格局的思考。
- 美學：研究或欣賞事物和思想的美。
- 變化和多樣性：工作職責經常變化。
- 挑戰：接受困難的任務或精進你的技能。
- 準確性：在注重細節、誤差容忍度很小的環境下工作。
- 安全感：對保住工作和獲得合理的經濟回報有信心。

確定在當前的工作環境中，有多少重要的價值觀獲得滿足，同時考量你希望這些價值觀在未來如何支持你。舉例來說，如果「權力」和「決策」是你的優先考量，就思考一下你能做些什麼，把它們融入你的日常生活中，像是創業或尋找能提高你的領導技能和責任感的新工作機會。

如果你現在沒有工作，想想這些價值觀對你找工作有什麼幫助。例如，如果你最重要的價值觀是「創意」、「美學」和「興奮感」，那麼時尚、娛樂和廣告產業就是能夠滿足這些選擇的職業環境。如果你的重要價值觀包括「幫助他人」、「社會關懷」和「專業成就」，你應該在與專家或雇主的面試中，清楚表達出為什麼選擇在一家以使命為導向的公司工作，對你至關重要。評估和辨識出你認為有意義的事情，可以讓你向雇主闡明，你能怎麼為他們的公司或組織增值。

簡言之，在求職策略和職業發展的每個階段裡，從寫履歷、準備社群媒體簡介，到參加面試、爭取升遷，你都應該強調自己的價值觀。在你整個職涯中，價值觀始終是關鍵。

湯姆是一個內向的IT專案經理，他被一家大公司解僱了。湯姆已經十五年沒有找過新工作，他不確定自己是否想再到一家，需要隨時待命和經常加班的公司任職。我們談話時，我看得出湯姆坐在那裡越來越沮喪。湯姆和許多有天賦的內向者一樣，不知道如何推銷自己的技能或經驗，也不知道在準備履歷、社交會議或面試時該用哪一種說話方式，才能確實向雇主好好介紹自己。

做完價值觀練習後，湯姆發現自己最看重的價值觀是「平衡工作和生活」、「安全感」、「支持型關係」、「創意」，和「社會關懷」。這幫助他思考一些新的選擇，像是基金會、政府和大學，這些組織都有機會支持他的價值觀。更重要的是，了解自己的價值觀，有助於湯姆回答除了經驗和技能之外，還有什麼條件能使他成為一名優秀的人選。

面對「是什麼讓你成為一個有競爭力的人選？」時，湯姆透過講述自己的職涯，突顯他的價值觀，妥善的應對了這個問題：

「我在評估機構的IT問題和提出創意解決方案（創意）有良好的經驗，同時有能力與同事、管理人員和客戶培養良好的關係（支持型關係）。我一直在參與社區劇院的工作，非常喜歡這種為公眾提供文化節目的環境。我現在想在一個以使命導向的組織（社會關懷）中貢獻我的經驗和技能。」

使用這個方法讓湯姆找到了一個令人振奮的工作機會，在大型基金會擔任IT工作。

評估你的價值觀、理解什麼對你來說最有意義的過程，會讓你在求職和升遷的各個階段，都知道該使用哪些正確的詞彙。有了這些資訊，你會發現對於不知道該說什麼或怎麼開口的恐懼會逐漸消失。

第二章
安靜的讓人知道我哪裡好

在今日的職場中想找一份好工作，競爭可是非常激烈。展現高水準的工作表現，對於一個人的職涯發展是不可或缺的。內向者可以憑藉自己的優勢，比如創造平靜、運用深思熟慮的視角，來提升自己在工作中的地位，但同樣重要的是，他們也得表達出自己的獨特之處和能力所在。如果有人請內向者談論更多自己的事，或詳細說明自己的優點，這對他們來說可能是一大挑戰。本章提供了一些練習，幫助你更詳細的闡明你是什麼樣的人，以及你有什麼技能，可以服務於該工作或產業，從而使自我評估的過程更加深入。

雇主或專業人士在評估你與管理者、同事、顧客合作的能力時，你的性格占有非常重要的地位。作為一個內向者，當面對一些很私人的問題時，你可能會愣住，因為你不喜歡向陌生人透露太多關於自己的資訊，否則可能會給人留下一個吹牛大王的印象。然而，如果你過於順從性格中謹慎和害羞的一面，你就無法完全展現自己的個性。

問問你自己，能不能用四到五個形容詞或短句，快速回答這個問題：「如果這裡有一群你的同事，**請他們描述你，他們會怎麼說？**」如果你覺得這很困難，不要擔心。等一下我們會做一個簡單的性格特徵練習，完成之後，你的求職工具箱裡就會有幾個形容詞了。

從表 2-1 **選出十到十二個你認為最能描述你個性的詞彙**。與先前價值觀練習中所做的選擇類似，這個練習簡要的闡明你認為自己最突出的性格特徵，可以用於面試、履歷或是領英個人資料。從本質上來說，這個方法迫使你去思考，哪種性格組合能最準確的描繪出你這個人，而這也是雇主最感興趣的事。除了這裡列出的詞彙外，你可以隨意添加你認為最合適的其他詞彙。

你也可以更進一步**請三個人，比如朋友、同事和親戚，選出十到十二個他們認為最能描述你的形容詞**。他們的清單會讓你明白別人看到的你是什麼模樣，而不只是你怎麼看待自己。你可能會發現，別人注意到你沒有意識到的優點。現在，當雇主要求你描述自己的個性時，你手邊至少有十個詞彙可以使用了。

表格中的某些詞彙可能具有負面含義，你當然不想和專家或雇主說這些，但是了解有哪些地方需要改進，仍然有其價值。為了達到推銷自己的目的，我們要把重點放在帶有正面意義的形容詞上。

讓我們來看瓊安的例子，在經歷很長一段時間的沉寂之後，面對重返工作崗位的挑戰，令她感到心慌。

表2-1　個人性格特徵

適應力強	領導者	務實	敏感
有野心	自信心強	懂得反省	善於分析
善於外交	友善	熱情	喜愛冒險
果斷	畏懼	組織力強	理想主義
勇敢	平靜	謹慎	複雜
創意	幽默感	誠懇	心胸開放
認真嚴肅	傾聽者	自動自發	固執
好奇心	嚴格	善於表達	目標導向
獨立	被動	誠實	忠誠
樂觀	保守	焦慮	悲觀
安靜	好爭論	想像力強	好鬥
循規蹈矩	有同理心	完美主義	說服力強
敏銳	善變	有禮貌	自律
意志堅定	強韌	聰明	武斷
合作	有決心	愛挑剔	給予幫助
多疑	始終如一	溫馴	防禦心重
專業	負責	害羞	厭惡風險
喜愛有趣的事	穩定	泰然自若	學習力強
可靠	真實	關懷	怕生

瓊安經營一家成功的零售企業長達十五年，然而當年邁的父母開始出現健康問題時，她把公司賣掉了。她一邊打理他們的醫療和生活狀況，一邊在與丈夫、孩子相處的寶貴時間中取得平衡。在離開傳統工作場所的十年之間，瓊安成為一名熱心的志工，為某個社區協會募集資金，並在一家非營利組織的董事會任職。在她因為大膽的籌款而獲得獎勵後，瓊安決定進一步尋求募款和發展的機會，而前來尋求我的幫助。

瓊安已經十年沒寫履歷了，她很緊張，不知道該寫什麼，剛開始時，她對自己的經歷和個人特質輕描淡寫（內向者通常都會這樣）。儘管她在募款方面相當成功，但在向雇主證明自己的價值時，還是相當困難。因此，我請她完成個人特質測驗，建立她的信心，也找出一些詞彙，可以在求職時描述自己。要寫個人簡介時，我們從她測驗的結果中選擇「有野心」、「果斷」、「創意」和「聰明」等詞彙。另外，我們也在她的領英個人資料中加入一些關鍵詞彙，因為這是現在陳述個人特質的常見做法。以下是我們設計出的瓊安個人簡介：

「富有活力的商業專業人士，具有豐富的管理和募資經驗。擅長活動策劃、邀請贊助者、提案撰寫與專案管理；善於培養同事和贊助者的密切關係；有野心、創意、果斷。」

由於完成了個人特質測驗，瓊安覺得她能把自己介紹得更好了，除了寫求職信和履歷之外，面試的表達也進步神速。後來，她得到了一個嚮往已久的工作機會——在植物園幫忙募款。在這個職位中，她不只計劃、組織活動，同時也研究如何吸引贊助者的策略。

逃不了的技能問題，應對有一套

雇主都想更加了解你在領域或產業中的專業知識，但他們同樣感興趣的是你具備了哪些技能，從如何與他人溝通，到對社群媒體的知識，還有專案管理的能力。對於大多數的內向者來說，從你的經歷中提出技能，是這個自我評估過程中最簡單的部分。但是，不要低估深入挖掘和探索你經歷的重要性，因為這樣才能更全面的找出你的才華和技能。

先回顧一下你目前的工作職責或最近發布的工作機會，然後**列出你的相關技能**。這裡有兩個例子，列出了任務與需要的技能：

- 任務：撰寫並上臺報告。
- 技能：研究、寫作、組織、簡報技巧、平面設計、公開演講。
- 任務：審查公司預算。

• 技能：定量、分析、解決問題、合作、撰寫報告、預測收支、執行程序。

要對你能提供的技能充滿信心，完成這個練習和清單，做出一張全面的技能列表，從下列選出你認為能反映你優勢的技能，並加入與你的產業相關的技能。

溝通：

☐ 精通或流利的其他語言。

☐ 撰寫文章、部落格或社群媒體內容。

☐ 說服或影響他人。

☐ 打造有效率的演講。

☐ 與團隊合作。

☐ 培養和建立人際關係。

☐ 公開演講。

☐ 撰寫提案與報告。

☐ 辯論。

☐ 聆聽。

☐ 協商。

☐ 行銷／銷售／推銷。

研究／分析：

☐ 確定問題、研究目標，並得出結論。

☐ 理解、評估，並綜合統整資料。

☐ 設計及分析調查。

☐ 快速找出和吸收新資訊。

創意：

- □ 架設網站。
- □ 平面設計。
- □ 製作／影音技巧。
- □ 提出新想法／策略／發明。
- □ 從零開始建構。
- □ 創意寫作。
- □ 視覺藝術。
- □ 編曲。
- □ 在劇院表演、跳舞或攝影。

財務：

- □ 管理與控制預算。
- □ 監督組織財務。
- □ 專案支出與收入。
- □ 計算或協調支出和收入。
- □ 比較或評估成本。
- □ 以清楚的數字概念，在工作中獲得成功。

支持：

- ☐ 教學／培訓。
- ☐ 諮商／建議／支持。
- ☐ 調解／解決衝突。
- ☐ 支持個人、特殊族群、事業。
- ☐ 促進小組討論和會議。

組織／管理：

- ☐ 為組織問題提出解決方案。
- ☐ 理解並執行政策和程序。
- ☐ 駕馭複雜的官僚環境。
- ☐ 計劃、組織活動。
- ☐ 使用時間表、檢查表、流程圖、大綱或其他組織工具。
- ☐ 在壓力下仍能有效工作，按時完成任務。
- ☐ 建立組織系統和程序。

領導：

□ 自在的管理小型或大型團隊。

□ 委託工作。

□ 聽取意見，幫忙達成共識。

□ 評估團隊成員的表現並提供專業發展建議。

□ 從頭到尾管理專案。

□ 確定目標或要完成的任務。

□ 激勵團隊或個人實現目標。

技術：

□ 組裝配件。

□ 操作儀器。

□ 熟悉軟體系統與電腦語言。

□ 管理與輸入資料。

□ 學習與適應新科技。

□ 理解如何操作設備。

□ 建構或打造實體材料。

現在你已經完成自我評估練習，接下來看看詹姆士的例子。詹姆士是一個典型安靜的內向者，在法律和金融領域相當成功，他向我們展示了一條前進的道路。

詹姆士是一位說話溫和、傑出的常春藤盟校畢業生，擁有MBA和法律雙學位。研究所畢業後，他到一家大型律師事務所擔任助理。然而，詹姆士自己知道，除非他能參加公司的社交活動來吸引新客戶，否則他的職涯不會有任何進展。他並不是沒有能力滿足這些期望，身為內向者，他只是不喜歡社交和與客戶建立關係的壓力。

工作五年後，詹姆士離開律師事務所，轉到一家從事法規風險事務的金融服務公司，擔任經濟和法律職務。雖然他只是大團隊中的一員，但他喜歡這些任務、喜歡一天當中有一段可以獨自工作的時間，同樣也喜歡勝任這份工作所需要的高度專注。

雖然這個工作很適合詹姆士，但他沒有晉升到更高的管理層，所以請我幫他找一份新工作。我第一次見到詹姆士的時候，**他能夠清楚說出他的主要職責，以及喜歡自己工作的哪些方面，但對於工作成果和努力取得的成就，幾乎沒有提供任何資訊**。當我問他，他的主管和團隊是否知道他在達成業績目標方面所取得的成就時，他說他相信同事和經理只要在職場觀察他，就應該知道他表現得很出色。很明顯，如果詹姆士更懂得口頭向主管推銷自己的成就和技能，根本就不需要去別處找工作，他可以在原公司獲得升遷。詹姆士需要學習的，是如何推銷自己。

在詹姆士完成自我評估練習後，我和他一起想出一些策略，讓他不再只是「安靜、勤奮的員工」（他這樣描述自己），可以直接有力的向老闆展示他工作的價值。我們的策略著重於以下這幾個方面：

一、提高可見度

詹姆士自我評估得出的一些關鍵技能，包括分析思考、解決問題和撰寫報告。他曾利用這些技能，深入分析如何降低風險和客戶成本，從而對他的部門產生正面影響。我建議他努力向主管展示這個分析成果，因為它代表了一個重大成就。根據我們的討論，詹姆士將他的分析結果整理成一份PPT，並**要求向團隊提出這份報告**。由於他有時間仔細設計和思考這份報告，所以報告結果很成功，他的主管和團隊都見證他的技能，當然，也目睹他對部門的價值。

二、展示高績效

過去，詹姆士對於自己的年度績效評估都是被動的態度，希望自己的表現就能夠說明一切，並為自己贏得正面的結果。這一次，在即將到來的績效評估之前，我請詹姆士從他的自我評估中**列出更多的工作成果，然後提前計劃好評估的過程想說些什麼**。他表現出色的成就之一，是擔任法律遵循（簡稱法遵）專案團隊領導者。這個職務需要具備多種技能，調解團隊成員之間的衝突、組織時間表、委派任務，並激勵團隊產生高成效的結果。這個專案不僅成功了，也證明詹姆士的一些關鍵價值觀：愛好挑戰、知識、建立關係和正直。

詹姆士對自己的績效評估很有信心，並做好充分的準備，他提出幾個例子，展示他的法遵專案、風險分析報告，以及對部門和公司整體的貢獻。在詹姆士做完這個報告後的六個月內，他就獲得升遷。對自己的成就、價值觀和技能的清晰理解，幫助詹姆士放下他最熟悉的角色——有能力但沒人看見的專業人士。最重要的是，這給了詹姆士最需要的力量，他為自己發聲，向老闆展示他的能力以及他的成就對公司的影響。

什麼？興趣也能當加分題！

你也應該列出你的興趣或志工活動。有些雇主在與員工拉近關係時，會問你在工作之餘喜歡做什麼，說不定你會發現你們有相似的興趣，比如跑馬拉松。有一次面試中，我被問到：「你最喜歡的作家是誰？」因為我是個熱愛讀書的人，所以能夠很快回答：「理查・羅素（Richard Russo，二〇〇二年獲普立茲獎）。」這個答案帶出了一次有趣的交流，因為面試官正好對羅素很熟悉，接著還主動提出一些她自己喜歡的作家。這次關於書籍的對話使得我們建立良好的關係，而面試官也認識了我和我的品味，這個共同興趣使我們在面試中產生正面的連結。

下面的問題是用來幫助你**了解自己的個人興趣、熱情**等。

- 我喜歡哪種類型的活動和嗜好？
- 我的天賦是什麼？
- 童年與青少年時期，我喜歡做什麼？
- 什麼原則、起因或議題對我來說很重要？
- 我最喜歡的書、電視節目和電影有哪些？
- 人們會稱讚我的哪些特點？
- 如果我擁有世界上所有的財富，我會做什麼？
- 如果我有更多時間，我想參加什麼培訓或課程？
- 我延遲了什麼夢想？

組織一下剛才得到的資訊，列一張清單，**把自我評估歸納成以下六類：**

- 成就。
- 價值觀。
- 技能。
- 個人特質。
- 興趣。
- 外部活動。

帶著這份摘要，因為隨著我們繼續閱讀本書，你要從這份自我評估中獲取資訊。這份摘要將陪著你，從求職的最初階段，到目前的工作或新工作中，建立起強大的存在感。

當湯姆、瓊安和詹姆士退後一步，仔細審視他們的成就、優點、個人特質和價值觀時，他們都發現自己擁有更強大的力量。完成前兩章的練習後，你會更加了解如何與工作環境建立聯繫，並懂得怎麼善用能力和自信來表達自己。

第三章
用醒目的文字，說你的故事

這是一個既定的事實：精心製作的履歷能描繪出豐富的自我形象，有助於成功求職，帶來新的職業機會。這樣的履歷等於是一張完美的畫布，讓內向者出風頭，把他們獨特的特質和努力得來的技能帶到鎂光燈下。在幕後靜靜工作的你，可以深入挖掘你的經驗，揭示你的成就，讓人看見你的產業知識和個人特質。

內向者對自吹自擂多少都會感到不自在，但在這個競爭激烈、日新月異的經濟環境下，業績事關重大，你必須向雇主證明你是一位出色的員工，否則可能會失去大好機會。所以，不要害怕在履歷上用醒目的文字宣揚你的經歷和成就。你的目的不是吹噓，而是展現你能如何為公司帶來價值。一份讓人對你留下最佳印象的履歷，能夠建立起你應有的自信，增強你的個人價值。

本章中，我們將運用你的履歷，發展一些策略，把你塑造成一個以結果為強項的專業人士。你不需要神奇的變成一個外向者，就能讓這一切成真。

說說你的故事——從寫好履歷表開始練習

六秒。根據線上求職網站 Ladders 最近的一項調查顯示，這是很多招聘人員審閱履歷的時間[9]。你所有的努力都被快速、隨意的閱讀，這個事實確實很難令人接受。當然，根據雇主和公司的招聘程序，履歷審查方法會有所不同，但無論如何你的履歷必須脫穎而出。不管是六秒還是六十秒，當他們第一眼瞄到你的履歷，它就一定要大喊：「嘿！我在這裡，你需要我！」審查的速度已經把傳統履歷變成了一份更緊湊、簡短、精實的文件。

考慮到雇主分配給每位求職者的時間，到底怎麼做才能吸引他們的注意？雇主們正在尋找五個基本方向，所以吸引他們視線，並讓他們相信你是最佳人選的最好方法，就是把這五大方向融入履歷中。這五大方向可以概括如下：

一、成就：雖然雇主會很快的看過你的職位頭銜、基本職責和任務，但他們主要在找的是成果。放入一些能看出成果、創新和解決問題能力的成就，可以說明你如何為公司增值，並展現出高績效。

二、個人品牌：**你和其他求職者有什麼不同**？個人品牌就是藉由突顯你的成就、貢獻、才能、熱情和遠見，讓雇主了解你是誰。在履歷中融入個人品牌，等於向雇主展示你的獨特之處。

三、簡明扼要的描述：讓你的描述盡量簡潔、切中要點。

四、關鍵字：有一些特定的詞彙和短句，可以幫助雇主快速評估，在眾多求職者中，你是否為最合適的人選。因此，在你的履歷使用這些詞彙，可能是通過最初篩選的一個重要因素。目前，有許多雇主使用電腦資源和求職者追蹤系統（ＡＴＳ），透過關鍵字來追蹤求職者，因此關鍵字的使用頻率和選擇非常重要。

五、視覺呈現：科技讓你可以在履歷中加入一些色彩和設計元素，比如圖表。一些精巧的細節，像是藍線或灰色標題，可以為黑白頁面增添活力。如果你喜歡比較傳統的格式，甚至不需要顏色，也能設計出引人注目的外觀。

如果你覺得你內向的恐懼聲音，會從這些方向中流露出來，別煩惱。我將會在接下來討論這些問題，帶著你一一瀏覽寫出強大履歷的關鍵。

---

9 "*Keeping an Eye on Recruiter Behavior,*" TheLadders, March 2012, https://cdn.theladders.net/static/images/basicSite/pdfs/TheLad ders-EyeTracking StudyC2.pdf.

善用你集中注意力的能力來設計履歷的起點：專注於你的產業和目標讀者。**在你的行業領域裡，具備什麼特殊的經歷、才能、成就和個人品質可以獲得成功**？對這些問題的回答，有助於找出關鍵字，並為你的履歷奠定基礎。下面的例子列出了與該產業直接相關的功能中，有哪些專業領域，以及該產業的成功者通常具備哪些個人特質。

銷售員

- 相關功能：拓展領域、超越指標、人脈網絡。
- 個人特質：熱情、合群、有競爭力。

高階主管

- 相關功能：商業發展、革新、領導。
- 個人特質：有決策力、有抱負、有競爭力。

老師

- 相關功能：學習環境、文化差異、課程。
- 個人特質：同理心、創意、接納。

生物醫學工程師

- 相關功能：資料分析、熱力系統、原型。
- 個人特質：堅持不懈、善於分析、創新。

現在**列出一個符合你個人職業經歷和工作目標的詞彙清單**，之後你就可以在個人簡介的標題、摘要或是工作描述中，使用這些詞彙。如果你是應屆畢業生，可以列出一些實習、領導活動或課堂報告的經驗；如果你要重返工作崗位，就列出有價值的活動經驗，像是志工服務、在社區委員會服務、參加專業課程或培訓等。

你充滿活力的工作需要搭配一份同樣充滿活力的履歷。藉由你令人欽佩的成就，來展示你的能力和成果是重點之一，也是目前出色履歷的重要成分。

到目前為止的職涯中，你做過哪些與天賦和技能相關的事情？你的特殊專案或計劃是如何產生顯著效果的？當你問自己這些問題的時候，想想看，什麼樣的答案能讓雇主相信你是一個值得招聘的員工。

回顧第二章的自我評估表，找出你個人的工作成就。你可能還會想把一些已經從最初列表中刪除的額外工作成就，列成一張清單，作為履歷的補充資料。

引人注目的成就可以是：

- 發起和實施一個專案、方法或程序。
- 引入新的想法、策略和技術。
- 為問題找出有效的解決方案。
- 精簡成本或減少浪費。
- 增加利潤或收入。
- 擴大專案項目。
- 獲得資金。
- 創造革新。

在你吹響自己的號角，把自己的成就張揚到極致時，你的靈魂可能會掙扎。然而，克服這種保守性格是非常重要的。否則，你將錯過一個推銷自己的寶貴機會，雇主也就不會注意到你是一個很有潛力的員工。運用你天生的專注力，克服你的猶豫，讓你的成就成為職涯中的重要篇章。相信自己很重要，你的成就也很了不起。

希拉是一個表現出色的內向者，她**過去最吸引人的故事**被她封存了很長一段時間。在她**揭露這件事的細節後**，她的自我描述就完全變了。

希拉在一家行銷公司工作，為各式各樣的客戶設計、提供社群媒體活動。她最自豪的成就之一，是她為一家網路服裝公司設計社群媒體宣傳活動，她的努力非常有成效，活動也相當成功，客戶決定以社群媒體完全取代他們傳統的行銷策略。最重要的是，客戶繼續聘請希拉負責他們未來的社群媒體活動。才華洋溢的希拉差點錯過推銷自己出色工作的機會，以及為公司提升業務的成果。

- 修改前：成功實施B2C社群媒體專案。
- 修改後：成功設計並實施B2C社群媒體專案，客戶放棄傳統的廣告宣傳活動，拓展與行銷公司的合作。

描述一項成就並不一定要量化，但若是遺漏了令人滿意和實際可行的結果，可能會成為致命的缺陷。在沒有明確證據的情況下，雇主可能會忽略希拉獨特的創意思考能力，以及建立牢固合作關係、帶來更多業務的能力。

範圍、**貢獻**、**結果**（SCO）是我開發的一個公式，幫助客戶透過一些簡單的步驟，編寫傑出的成就描述。它可以分解為以下三個部分：

一、範圍：專案、任務或計劃的概述和廣度。

二、貢獻：你的行動。

三、結果：你達成的結果。

下面有兩個例子，說明在履歷中應用這個公式之後，可以讓個人成就（即履歷表中的工作經驗略述）展現出更多細節。

開發部主管

- 成就：指導組織的會員計劃。
- 範圍：正式會員五百人，免費會員九百人。
- 貢獻：管理計劃、改善會員福利、增加會員人數計劃。
- 結果：會員人數和專案收入，在兩年內從二・二萬美元增加到四萬美元。
- 最終的成就描述：指導組織的會員計劃，服務五百名正式會員和九百名免費會員。擴大與改善福利和計劃，在短短兩年內，將會員收入從二・二萬美元增加到四萬美元。

平面設計藝術家

- 成就：由於表現優秀，很快就被資深經紀人引薦給大企業客戶。
- 範圍：從事數位影像和 3D 建築設計的小型專案。
- 貢獻：靠著勤奮與努力展現自己的價值。
- 成果：為一家頂級製藥公司設計和製作包裝、廣告和銷售材料。
- 最終的成就描述：受聘於廣告代理公司，使用數位影像和虛擬 3D 建築設計處理小型專案。極具才華加上表現優異，短期內獲得更高階的設計專案，為一家頂尖製藥公司設計與打造包裝、廣告和銷售材料。

現在就拿你的一項成就來試試吧。記住，**描述成就的時候，一定要用強而有力的動詞**。

想在當今的創新和零工經濟中成功，你要把自己看作是一樣產品，意思就是你必須找到一個最佳方式來推銷自己。對內向者來說，這確實不是一個吸引人的任務，但是你可以運用履歷開始自我推銷，打造你的專屬品牌，吸引雇主的視線。如果把自己看成一個「品牌」顯得冷酷、物化、沒有人情味（對內向者來說就是這樣），那麼就把履歷中個人品牌的概念，想成要跟雇主**自我介紹**，**展現你完整職涯**的一種方式。這個觀點可以幫助你召喚出安靜的能量，讓你的注意力集中到履歷上。為了讓你開始建立自己的品牌，讓我們來看看撰寫標題和簡介的詳細步驟。

應屆畢業生或重新進入職場的女性，不需要擔心品牌和標題的問題，你們的目標是去獲取經驗和信譽，在前進的過程中，記錄下所有成就。同樣的，如果你的領域是學術或研究，你很可能已經有一份CV（學術履歷），也就不需要品牌說明了，你的成就將會反映在論文或出版品中。

一個充滿活力、條理清晰的**標題，能迅速的介紹你是誰，明確指出你的工作目標，並讓人知道你與眾不同的地方**。最重要的是，它能迅速樹立你的品牌。把標題想成是場景布置，要展示履歷中最令人印象深刻的部分：經歷、成就和教育背景。

你已經完成了你的成就列表，可以先把清單放在手邊。現在，拿出你的個人特質和技能清單，考慮在這些清單中添加與所在領域相關的特定技能。

選擇一個最適合你的職業背景和雇主。然後想一想，你認為哪種方法最優質、有活力，最能吸引雇主的視線。通常最能吸引注意力的，是雇主都會要求的**成就或技能**。

下面有三組範例。雖然風格不同，但它們都能讓雇主一眼看出這個人的價值。

人資主管和變革管理經理

- 標題特色：簡明扼要。你可以在稍後的概述中加入更多資訊。

富有雄心和創新精神的藥品銷售代表，因超越業績標準而獲得一致認可。

- 標題特色：強調個人特質和成就，讓企業銷售方面的雇主感興趣。

業務總監及顧問
領導／專案管理／過程改善

- 標題特色：包括多個職位頭銜和關鍵管理功能，能吸引雇主。

大部分的**標題後面都有一段簡短的概述**，有時也稱為個人簡介。**概述支持你的標題**，提供了職業亮點、成就、專業知識和個人特質，這些都能為你的成功和個人品牌增添不少色彩。要用四到五句話，陳述你的價值觀。

要把你個人經歷中最重要的成分拆解開來，有一個很簡單的方法，就是先把它們分類，然後使用這些資訊來製作一份可強化個人品牌的概述：

- 職業亮點：多年經驗（有相關的）、知識、專業技能。
- 關鍵優勢與才能。

・成就。
・個人特質。

回到剛才那位才華洋溢的人資專家，看她如何把這些核心成分整合成她的概述。

人資主管和變革管理經理

富有同理心的領導者，能抓住工作重點，超越工作目標的紀錄。因績效卓越，CEO授予最高員工榮譽（NOVA），表彰對企業「人員轉型」的卓越領導，使員工滿意度提高一〇％。

她經歷中的重要成分拆解如下：

・職業亮點：超越工作目標的紀錄。
・關鍵優勢與才能：領導。
・成就：最高員工榮譽（NOVA）與提升員工滿意度。
・個人特質：同理心。

現在讓我們看另外兩種包括核心能力的概述寫法，一個是IT專員，另一個是老師。他們不是將所有的要素都包含在一個段落中，而是以不同的格式將它們分開，藉此突顯某些能力。

資深IT專員

具有跨領域經驗的創新技術領導者，因提出基礎軟體和新的程序解決方案而獲得認可；善於彌補客戶、管理層和技術人員之間的溝通鴻溝；具有創造前衛設計和長期願景概念的才能。

在科技領域中，軟體和程式設計等特定技能非常重要。在概述段落中，放進一個單獨的技能表格，可以把關鍵字放在裡面，同時讓雇主感覺到你技術能力的品質和程度（見表3-1）。除了評估該求職者的電腦能力外，雇主很快就能看出他具有跨領域的工作經驗，再加上創意設計和問題解決的技能。這名求職者還強調自己與各級別的人溝通的能力，這對雇主來說也是一個加分項目。

表3-1　關鍵技能

IT策略與領導	團隊溝通	服務管理
資料庫設計	程式設計與改善	變革管理
訓練發展	軟體設計與發展	Excel
ServiceNow	PowerPoint	SharePoint

小學老師

充滿熱情的老師，致力於創造一個高效的學習環境，滿足學生的社交、情緒與認知需求，並努力幫助學生發揮他們的潛力。

- 設計和發展創新課程，以適應不同的學習風格和水準。
- 創造並引進多元文化課程，作為米勒斯維爾小學所有部門的重要課程。
- 擅長提供教室架構、紀律和支援，幫助孩子在學業和社交上都能成功。
- 與學生、老師、管理人員和家長建立信任關係。
- 當選為米勒斯維爾學校董事會的教師代表。

這位老師在寫概述時，用列點的方式陳述她的教學哲學和方法。這些項目中還列出了兩項重要成就（「當選為教師代表」和「引進多元文化課程」），使她在這個領域的求職者中脫穎而出。

在你撰寫完整呈現工作經歷的過程中，你可能會發現自己用了太多形容詞，把讀者帶入不斷延續的長句子裡。請抵抗這種誘惑，給雇主他們真正想要的東西：對你每天做的事情有一種踏實的感覺。如果你是一名顧問或企業老闆，客戶必須對你的服務和使用方法有充分可靠的認識。

隨著網路資訊不斷湧現，**現代雇主最關注的，是你的業績和成就**。所以，不要把履歷弄得雜亂不堪，節省空間來**描述你工作中最基本的任務**。在你下筆之前，先釐清你的思緒，整理你內心想要傳達的大量資訊，然後把它編輯成審閱者最在乎的內容。然後組織一下履歷，對你的主要職責和任務進行清晰、容易理解的描述。寫好工作描述後，接下來就是你的成就清單。最後，句子的一開始，一定要使用強而有力的動詞，避免使用「職責包括……」這類詞彙。

下面是一些能清楚的突顯出關鍵職責的範例：

- 管理由六名代表組成的團隊，與馬里蘭州五十多家醫院和癌症中心密切合作。
- 評估業務需求，並利用公司資源應用解決方案。
- 為NHL（國家冰球聯盟）、MLB（美國職棒大聯盟）和大學體育團體分析、撰寫評論與專欄，並發布到全國或國際刊物。

在你撰寫履歷的時候，要記住，雇主和招聘人員現在都使用電腦資源和追蹤系統，來快速瀏覽履歷與領英個人資料。雇主會使用一些特定的詞彙或短句，在眾多求職者中找出合適人選，這些就是關鍵字。為了確保你能在瞬息萬變的招聘世界中被注意到，**履歷應該充斥**

這些產業流行語。

讓我們來看這份關鍵字清單，來自一名醫院護士履歷中的技能部分：

技能：

急救程序。

維生系統。

ICU（加護病房）。

CCU（心臟內科加護病房）。

靜脈注射。

護理計劃管理。

圖表與文件。

社區衛生議題。

醫病關係。

識別關鍵字的最佳策略，是仔細閱讀求職網站和領英上的招聘條件，因為這些條件通常會**包含該產業特有的流行語**，存檔或列印三個類似的招聘資訊。多讀一些職位描述後，你會注意到經常出現的關鍵字，也就會知道自己該在履歷中加入哪些關鍵字了。使用像Wordle.net或TagCrowd.com這樣的文字雲產生器，是另一種有趣、直觀的方式，幫助你在職位描述中找到難以捉摸的關鍵字。只要把工作描述複製貼到文字雲產生器中，就會出現一個彩色的文字雲，讓你清楚看出哪些詞彙最常出現在貼文中。此外，Jobscan也是一種新穎的履歷優化工具。

列出你的學位、主修和教育機構是很重要的，但不要就此打住。如果你剛剛拿到學士或碩士學位，可以考慮列出與工作目標相關的課程、研究或整合課程專案，或是你也可以寫出獎學金和特殊榮譽。對某些人來說，GPA（成績平均積點）可能是一個敏感的議題，但如果你為自己的GPA感到驕傲，並認為這是一項重大成就，那就把它列在教育類別中。

如果你已經離開學校五年以上，教育標題和相關資訊應該出現在履歷的最末端。因為雇主最感興趣的是你目前在做什麼，所以經驗才應該是他們在你的履歷上看到的第一個類別。獲得更高學位（MBA、RN、PHD、JD等）的人應該在名字旁邊加上學位首字母。

如果你是一個剛畢業的博士生，正在尋找學術領域以外的職業選擇，在履歷中寫上與你工作目標相關的描述和出版作品，這樣履歷就不會變得冗長。

職場變化的速度持續增加，終身學習的必要性也越來越高，你可以分享你接受過的任何額外的專業或學術培訓，來證明你擁有令人羨慕的資歷。如果你完成了額外課程或者領有專業證書，這些都是你的資產，可以涵蓋在「教育」的主題下。受過特殊的培訓，如六標準差（商業管理策略）或是精進技能，也都可以強調你有持續學習，並且跟上該領域的變化。

作為一個內向者，你可能會忽略這些價值，然而這不但能讓履歷更加豐富，而且可能會讓雇主對你產生好感。這些類別可以很廣泛，任何能證明你優點的領域，包括榮譽獎勵、專業組織、社區服務、出版品等，都可以納入履歷中。

榮譽／獎勵

如果你是一名學習成績優異的在校生或畢業生，或者你的百寶箱裡有其他珍貴的寶貝，那就用雙手揮舞這些成就吧。你是否曾因超越銷售指標而獲獎、推出可持續發展的計劃，或是想出一個降低成本的策略？讓它在你的履歷上閃閃發光吧！

專業組織

規律的更新專業知識、提高技能的人，會給雇主留下深刻印象，這是理所當然的事。如果你曾在某個委員會任職，或被選為某協會的負責人，請直接說出來：「我是一個領導者！」

演說／公開演講活動

在當今極度仰賴資訊的工作環境中，最需要的就是溝通想法或運用知識的能力。用你的履歷向雇主展示，你可以在群眾面前推廣你的知識和組織目標，而且不會害怕在公眾面前講話。如果你曾在現場或透過網路進行報告、開研討會或進行培訓，這些活動都是很大的加分，應該加到你的履歷中。雖然你是個內向者，但千萬不要低估你的公開演講技能。

社區服務／志工

良好的公民身分可以讓雇主放心，相信未來的員工會是個令人放心的團隊成員。你可能每天早上九點到下午五點都被公司占有，但下班後，你才是公司的真正代表。當你在社區委員會服務，或為有價值的事業做志工時，也會增強你對組織的價值。

出版品

在你的領域發表過專業文章或研究，可以彰顯你的寫作和編輯才能，這是許多雇主重視的技能。也正是透過出版品，你的知識和專業才能觸及全國的讀者，這也是吸引雇主的另一方面。網路出版品和部落格同樣可以提高你的知名度，應該在這個類別中特別展示。

視覺呈現

求職者總是急於讓雇主注意到他們最令人印象深刻的經歷，因此沒有太關注履歷的呈現。請不要犯這個錯誤，選擇一個吸引人的格式和醒目的版面設計，讓履歷脫穎而出。

使用這些小技巧作為開始設計的指南。最重要的是確保你遵循了版面和格式的兩個關鍵原則：設計一份視覺上吸引人的履歷，並確保它易於閱讀。

- 英文字體 **Times New Roman** 效果的確很好，但不要害怕用更優雅的東西來營造風格。其他幾種字體也很引人注目，在附件中運用效果良好，如 **Garamond**、**Arial**、**Georgia**、**Helvetica** 和 **Calibri**。雖然這些字體是最受歡迎的，但沒必要限制自己一定要使用這些。尤其如果你是藝術或視覺設計領域的人，就嘗試一些更新奇的東西。
- 使用粗體、斜體、不同的字體大小、大寫字母作為強調，把讀者的注意力吸引到你這個人的相關資訊上。但是要注意，斜體字在視覺上其實不太舒服，所以要避免過度使用，尤其是在你希望提供詳細資訊的地方。
- 根據選擇的樣式，將字體大小保持在十到十二級之間。不要在一份履歷中使用超過兩種字體，因為這樣會讓讀者看得眼花繚亂，乾脆不再看你的履歷。

- 如果你勇於冒險，可以考慮添加一些顏色。或者選擇保守的顏色：灰色、淺藍色或淺褐色，這些都是比較柔和的履歷顏色。如果你喜歡大膽一點，紅色也可以，此外，要避免顏色太亮或太淡。嘗試改變一個設計項目的顏色，例如主標題、標題底線或聯絡資料。當然，保守的白紙黑字也沒有什麼錯。
- 為引人注目的結果添加圖片或表格，吸引審閱者注意業務、收入或銷售增長。一個俐落的圖形，也能讓你的技能和特殊成就特別醒目。Word 和其他多種電腦程式，都有內建好用的圖形和表格範本。
- 加粗你的名字和主標題，讓履歷看起來更清晰明確。
- 如果你擔心安全問題，可以刪除你的地址，但一定要放上電話號碼和電子郵件。把個人網站放到領英的個人資料中，也是個不錯的主意。
- 在頁面上保持資訊的視覺平衡，確保文字之外也有足夠的空白。
- 條列出成就和目標技能很容易做到，但過於冗長可能會讓人看得筋疲力盡。
- 版面要保持一致，這樣讀者才能輕易的看出結構。
- 避免使用 Word 布景範本。它們會限制你的創意，無法反映你的獨特性，這些範本還會使更改格式變得很困難。

在你發布履歷讓人審閱之前，**一定要把履歷列印出來，仔細校對**，讓自己用雇主的角度去思考：這份履歷是否有視覺吸引力？是否容易閱讀？還有，不要因小失大，一定要使用高品質的紙張，而不是普通的影印紙，因為你要帶著書面履歷去參加面試、徵才博覽會和同業的會議。

上傳履歷——一點點錯誤就會毀了你的機會

履歷準備好之後，你要確保徵才者有收到它。記住以下建議，確認你的履歷順利投遞到目的地。

上傳履歷

現在大多數的雇主會要求你把履歷以附件方式，寄到一個特定的電子信箱裡，或上傳到某個網站上。這可能需要對格式進行微幅的編輯或更改。按照雇主的指示上傳履歷，確保文件可以順利開啟與閱讀。將你的履歷同時以 Word 和 PDF 檔案儲存，並檢查它是否包含了與工作相關的關鍵字。

申請者追蹤系統（Applicant Tracking Systems，簡稱ATS）

許多大公司和招聘公司的雇主，現在都使用省時又省錢的ATS（可設一些過濾條件來篩選應徵者的軟體）或電腦系統來快速瀏覽履歷，找出最優秀的候選人。在這些追蹤系統中，當你奮力爭取注意力時，**格式的錯誤等於是一拳就把你擊倒了**，所以一定要使用ATS可以讀取的履歷。研究顯示，將近七五%的申請人被ATS拒絕，就是因為提交的檔案樣式太花俏[10]。

應徵大型企業時，為了避免這些格式問題，請遵循以下建議，保持文件檔案的乾淨：

- 附加檔案要使用RTF或Word檔，避免使用PDF檔，因為它不適合系統讀取。
- 使用常見的標題，如「簡介」、「技能」、「專業經驗」和「教育程度」。
- 避免使用表格、圖表或任何花俏的符號。
- 使用標準字體樣式。
- 列點是可以的，但是要避免箭頭和打勾符號。

10 Trista Winnie. "*How to Create a Resume that an Applicant Tracking System Won't Ignore*," April 2015, www.jobscan.co/blog/how-to-create-a-resume-that-an-applicant-tracking-system-wont-ignore/Jobscan.

- 不要使用陰影和邊框。
- 儲存履歷時，檔案名稱最好使用你的姓名和「履歷」二字。

提醒一下，在 ATS 容易讀取的履歷中，關鍵字是重點。

你可以透過公司網站上的徵才頁面，判斷這些雇主是否使用 ATS 系統。ATS 供應商的標誌通常會出現在網頁底部，如果你沒有看到任何品牌標誌，請將滑鼠游標移到「申請」按鈕上，並查看瀏覽器視窗，如果這間公司有使用，URL（網址）會指出供應商。

記住，大多數人都是經由推薦和關係找到機會的。當招聘經理根據你的推薦人而主動聯繫你時，這就證明你花了那麼多時間和心力，設計與撰寫一份引人注目的履歷，這一切都是值得的。你不需要透過冷冰冰的追蹤系統發送履歷，而是透過聯絡人，親手把履歷交給招聘經理，或是把履歷以 Word 或 PDF 格式附在電子郵件中。

如果碰到單獨的同業會面或機會時，一份內容充實、設計亮眼的履歷，正是推銷自己的傑作。別在有可能變成面試的場合中，發現自己手裡沒有紙本履歷。

第四章
社群媒體是內向者救星

從內向者的角度來看，社群媒體的觸角似乎具有威脅性。你喜歡維持自己的隱私，所以可能會擔心網路過度暴露了你。然而，在當今競爭激烈的市場中，**你必須準備好並願意暴露一部分的自我，以便加入其他成功專業人士的行列**。如果你仍然感到憂慮，也先不要跳過這一章。即使是內向者，也能學會把這扇門打開，讓社群媒體成為一種有效且友好的工具。

使用社群媒體，可以讓你把高品質的想法投入到你打造的個人品牌，建立一個有吸引力的網路形象。社群媒體不僅能讓你在寫東西前有時間思考，還能讓你安靜的坐在書桌前研究和審閱公司簡述，不會受到干擾。與此同時，這個平臺可以讓你接觸到有價值的專業人士，與他們建立連結。

在本章中，我將展示怎麼把社群媒體變成內向者的完美行銷工具，幫助你找出最佳的曝光程度，既能支持你的專業發展，同時也尊重你對隱私的需求。你將學會在領英上寫一份完整又吸睛的專業簡介，以及在推特和臉書上放一份更精簡的個人檔案。當你意識到社群媒體對於補充和支持你的工作，居然有這麼大的助益時，一定會驚訝到目瞪口呆。

領英（LinkedIn）

領英已經成為職業發展領域中最強大的力量之一。這項不可或缺的工具，是與你行業領域中專業人士聯繫的理想方式，它就像是一條順暢又快速的道路，讓你探索和辨識新的機遇。在撰寫本文時，領英已經擁有來自全球兩百多個國家，五・七五億個會員。正是因為領英每天有一・九億個會員和三百萬個招募中的工作機會，所以越來越多人事經理和招聘人員將其視為尋找傑出伙伴的強大盟友[11]。它的好處如下：

- 增加可見度。你能找到人，別人也能找到你。對於內向者來說，這就是領英的美好之處。由於你已經透過撰寫個人資料介紹自己，所以未來的雇主或同事可以輕易的找到你，了解你的專業背景、成就和技能，然後針對一個可能的工作機會與你聯繫。又或者，如果你要**聯絡一位沒有見過面的同業或主管，你可以不必使用電話或語音訊息**——這對內向者來說也是一大優點。在領英上，要跟某個人聯繫時，你可以透過自己的帳號，發送自我介紹的訊息給對方，比起傳統的電話語音，這樣更能快速得到回覆。

- 構建人際網絡。領英的核心，就是讓使用者建立和組織專業人際網路。你可以輕鬆的邀請別人加入你的社交網絡，而受邀者可能還會帶來其他有價值的聯絡人。
- 提供最新資訊。從許多層面來看，領英都是一個很棒的資源。你可以持續獲得相關領域的各種最新動態，可以接受邀請加入群組，也可以透過簡介，去研究你感興趣的公司和組織。
- 最多工作招募。越來越多雇主紛紛在領英上發布招募廣告，招聘人員和人事經理現在要瀏覽數百份領英個人資料，來尋找最優秀的候選人。
- 提高機會。領英還可以提供一些特殊專案的外包工作、演講的邀請，或是為部落格或出版品寫作的機會。

你可能會覺得，好像全世界都在社群媒體上關注著你。這就是為什麼內向者經常自我保護，讓資料少到幾乎看不出什麼。不管你內心的擔憂是什麼，都不要馬上離開社群媒體的世界。給自己開個綠燈，看看領英能為你提供什麼，建立一個能引起同事、雇主注意的個人

---

11 "About LinkedIn," https://news.linkedin.com/about-us#statistics.

資料吧。

羅伯特是個性格保守但能力卓越的內向者。他最初加入領英的潮流時，在自己的帳號裡寫下的自我介紹，幾乎沒有提到過去的經歷和技能。在我向他解釋如何利用領英拓展職涯之後，羅伯特決定先從自己的個人簡介著手。我們一起改寫了他的簡介，向更多聯絡人敞開大門。

結果，在他的前老闆、負責學生事務的副教務長蘇珊娜接受邀請，成為他的聯絡人之後，一個豐富而意外的機會出現了。她從領英發了一則訊息給他，提議通個電話敘敘舊。過沒多久，他們通了電話，討論彼此在該領域看到的新趨勢和發展軌跡。蘇珊娜告訴羅伯特，她受到邀請，要在一場研討會中舉辦工作坊，並邀請羅伯特做她的共同領導者。這是一個經典的誘人實例，說明領英的聯絡人確實能直接帶來令人振奮的機會。

領英的使用方式很簡單，按照以下步驟，你很快就能擁有一個令人振奮的帳戶：

一、開啟一個帳號：只需進入網站，填寫一些基本資訊，然後點擊「加入」按鈕。網站會要求你透過電子郵件確認。現在還不要擔心你在領英上給人的印象如何，你可以自己決定什麼時候公開你的資訊。

二、選擇一張大頭照：人們在瀏覽你的個人資料時，最先看到的東西，就是你的照片。確保你的照片看起來平易近人、專業。**要把照片看作是一種傳達個人特質的方式，像是溫暖、嚴肅和同情**。雖然照片中約有六〇%是你的臉，但也要穿與你的行業和專業水準相配的服裝。如果你還在猶豫是否要放上照片，再想一下，根據領英最近的統計數字，放了頭像的檔案，**瀏覽量會增加十一倍**。

三、寫個標題：來個宏亮有力的標題吧，因為這會出現在你的名字底下和右上角的第一行文字。一開始，你可以選擇履歷裡的標題，但是可能需要調整一下文字，來產生更多活力，讓整體更吸引人。

我們來看下面四個範例，它們各自運用不同的風格和方法，成功瞄準所屬的產業：

- 首席創意長：策略發想者，擅長講故事、發展與執行，一個在媒體和網路「耳邊細語」的人。
- 客戶成功經理：讓客戶發揮自身能力，在社交銷售方面出類拔萃
- 獸醫，貓科動物醫學和外科
- 經驗豐富的刑事辯護和民事權利律師

為了吸引客戶，前兩個例子附帶了一些說明，較為深入的解釋其功能。相對的，後兩

者代表的是比較傳統的領域，因此它們的標題集中在各自的專業領域，沒有額外的評論。

四、簡述你的個人資料

這裡就是序曲上演之處，你和你的職涯就此拉開帷幕，所以要把聚光燈打在自己身上，讓同事和雇主為你起立鼓掌。就像先前寫履歷一樣，考慮目標讀者的特點和需求，並把這些重要的關鍵字編入你的簡介中。你可以從這裡提供的履歷摘要中借用一些內容，但要記得，領英的個人資料上限是兩千個字。

要快速寫好你的簡介，請回答以下問題。你可能不會用上答案中的所有資訊，但是思考這些問題，能幫助你決定簡介中要強調什麼：

- 你職涯的核心主題是什麼？
- 是什麼讓你成為一名稱職的專業人士？
- 你最重要的職業成就是什麼？（你應該已經在第三章找到答案。）
- 上司、同事和客戶對你的工作和個人風格有何評價？
- 你在哪些領域有專業知識？
- 你如何建立並維持職業關係？
- 你精通該產業中的哪些資料庫、程式、工具或技術？

下面有三則不同風格的領英簡介，它們成功的講述了比履歷概述更加生動的職業故事，而且它們使用第一人稱，可以帶來一種彷彿對話般的語氣。

科技顧問

IT與變革專家／連結人、想法和科技

我相信，擁抱人性的科技可以讓人們的生活變得更好。但是，需要改變的時候，人們往往抱持著懷疑的態度。

我把我的才能和有創意的好奇心用在激勵人，讓他們在改變的過程中更加茁壯。管理層欣賞我在使用者體驗和變更管理原則之間，懂得善用強大的親和力，這種以人為中心的作法。畢竟到了最後，受新系統、網站或產品影響最大的，還是人。

蘇珊用這段文字來介紹她對科學的哲學，以及它如何影響人們。她的目標、個性，還有她與資深客戶合作的方式，都從字裡行間流露出來。這段簡介很有創意，也很吸引人。

Open Book 書店負責人

寫作和出版顧問／創業者

我的職涯是在出版業度過的，擔任過編輯、文學經紀人、記者和作者。我是一個有創意的思考者和問題解決者，而且熱愛創新。我最喜歡的一句話是：「我有一個想法！」我是一個技巧嫻熟的作者和編輯，喜歡幫助作家提高寫作水準。我撰寫並出版過幾本書，目前為《費城城市報》（*Philadelphia City Paper*）定期撰寫部落格〈流行尖端〉。我還經營一家新的獨立書店，名為 Open Book。

這篇簡介將多種角色、技能、成就與個性結合在一起，全裝在一個段落中。

營運長，Liveoak Technologies

我目前是 Liveoak Technologies 的營運長。這家初創公司結合了視訊會議、即時協作和電子簽章，幫助企業為客戶提供更佳的服務，並刪減文書工作。我負責 Liveoak 在紐約的業務，專注於銷售和業務發展。

我的前一份工作是 Barclays Accelerator 的專案助理，這間金融公司由 Techstars 贊助。在加入 Techstars 之前，我是瑞士信貸房地產部門的投資銀行助理。我有分析和執行房地產投資信託基金、酒店、房屋建築商、賭場和娛樂公司的 IPO、併購和其他資本市場交易的經驗。在加入瑞士信貸之前，我獲得范德堡大學的 JD 和 MBA 學位，以及杜克大學的學士學位。

我是一個自由的網路工作者，與我聯絡：jjjjjj@gmail.com。

這位年輕的專業人士善用簡介，作為他的經驗、技能、資格和整體可信度的焦點。他和許多年輕的專業人士一樣，已經有過不只一份職業。在簡介中強調經驗和資歷的效果很好，因為這能說明他職涯的軌跡和多樣性。

從這些範例可以看出，你絕對可以在自己的舒適程度和風格範圍內，撰寫出一篇令人自豪的簡介，展現那些使你既獨特又有價值的特質，並打造你的個人品牌。撰寫簡介時，最先要考慮你所在行業的性質和你的職業背景。接下來，想像一下如何結合你獨特的才能和個人優勢。然後，就由你來決定如何善用這些重要資訊，在你的領英簡介中獲得高分。

在領英的個人資料頁面上列出技能很簡單，從先前的技能練習和履歷中拿過來放就可以了，人們會看到你是多麼的能幹和博學。把那些真正能反映你能力的技能，加到個人資料的技能欄位中。列出技能的另一個好處是，它們通常帶有豐富的關鍵字，又可以進一步吸引到使用電腦系統追蹤求職者的招聘人員和人事經理。

完成你的清單之後，你就為你的同事和專業聯絡人敞開了大門，讓他們來肯定你的技能。當然，你也應該要禮尚往來，去肯定你聯絡人的技能。

當涉及請求推薦這種「自私」的事情時，千萬不要害羞。如果你在工作上表現得很出色，讓別人有機會肯定你的成功。要知道，老闆或客戶通常很樂意給你應得的鼓勵，並認可你的優秀表現。

如果你是一名創業者，或者你從事顧問、行銷或銷售等領域的工作，可以向客戶請求推薦。你在個人資料中呈現的那些努力得來的成就和豐富貢獻，有了他人的推薦，等於是背書與支持。

如今，許多高階主管已經習慣在領英上為員工或客戶寫簡短的推薦，這些推薦通常只需要四到五句話，這種要求比傳統的冗長推薦信低得多。你要策略性的思考，選擇幾位能夠談論你不同技能和成就的人。根據你和這個人的關係，你甚至可以提供一些建議，請他們特別強調什麼部分。如果你收到的推薦寫得很差，或讓你覺得不舒服，不要擔心。領英會先通過電子郵件把推薦信發給你，而你可以決定是否接受。請放心，未經你的允許，任何推薦內容都不會發布到你的個人資料中。

在你檢查推薦信時，可能會看到一些拼字錯誤或內容上的小問題。如果你不會覺得這樣做不自在的話，可以請對方在領英的推薦裡進行一些小小的修改。

記得把這種行為傳遞下去。就像其他人為你所做的一樣，你也要願意為同事、實習生或是你看好的員工寫領英推薦。

• 成就：你可以考慮放上一些成就，比如證照、社區參與、志工經歷、學術課程工作、出版品，以及獲得的任何榮譽和獎勵。這些東西不但可以加強你的履歷，也可以在你的領英個人資料中，為你的成功慶賀。

• 教育：與履歷類似，這個部分包括你的基本學術背景：你的大學、主修和學位。你也可以用這個區塊來列出學校的活動、學術社團、研究或特殊專案（如果你剛畢業的話）。如果你已經離開學校一段時間了，但還在繼續參加校友活動，你也可以提到這一點。如果你已經畢業很多年，而且對年齡歧視很敏感的話，不寫畢業日期也沒有關係。

• 社團：越來越多專業和產業紛紛組成領英社團，社團活躍度也隨之起飛。把這些社團想像成活躍的群星，來自你所屬專業領域的整個銀河，這些社團讓你得以把自己的世界擴展到整個地球。你可以與其他社團成員一同參與相關的產業議題討論，並發掘可以支持你職業發展的資源。

對內向者來說，這是一個強悍的網路工具。只要敲擊鍵盤，你就可以與所屬領域的專家建立有價值、有成效的關係，並保持在你的專業最前線，更不用說同事、招聘經理，還有該產業高階領導人，都會注意到你對自己的專業發展是認真的，從而帶來額外的好處。

• 多媒體和視頻：在你的領英個人資料裡，用多媒體做些點綴，讓你的檔案更加引人注目。你在工作中製作並展示過投影片嗎？是否管理過某個特殊活動？還是你為專業線上出版品寫過文章？或者，你曾經是否因為表現出色而被《赫芬頓郵報》（*Huffpost*）這類的流行網路媒體刊登過？你在部落格上提供的珍貴建議如何呢？在你的個人資料中，巧妙的使用多媒體內容，讓這類文章和圖片突顯你的職業經歷。只要點擊個人資料最上方的編輯鉛筆，你就會看到「媒體」標題。在這裡，你可以上傳檔案或放上影片、照片、文章，或是演講內容（如投影片）的連結。

如果你能放下一些羞怯，可以放一小段影片，展示你正在向一群人演講的模樣。或是大膽的製作一段三分鐘的短片，彰顯你對工作的知識和激情。無論你是喜歡待在幕後，展示自己的寫作才華，還是要呈現一小段影片，大膽的做你從未嘗試過的事，多媒體都可以幫助你用燦爛的色彩講述你的故事。

在領英個人資料上打個漂亮的蝴蝶結：

- 自訂你的網址：你註冊時，領英會提供一個網址，就是你的名字跟著一大串數字。因為你將會在履歷和名片裡放上這個領英網址，推廣你的個人資料，所以你應該要讓它盡可能保持簡單。要將網址簡化，只要按一下「編輯」，然後刪除所有數字。

- 加入超連結：你可以**在個人簡介中放入最多三個網址，連結到你的專業網站、部落格或是線上文件夾，藉此補充你的個人資料**，並進一步展示你的技術和工作相關技能。
- 放入相關的工作描述：沒有必要把你做過的每一份工作都列在「經驗」區塊裡面，**只要放上與你的目標工作和目標雇主相關的經驗即可**。你可以複製履歷裡的描述，但在領英中，要把它們寫得更精簡、更緊湊。如果你已經離開職場一段時間或是剛畢業，列出實習、志工和領導活動，是完全可以接受的。要記得，讀者是飛快的瀏覽你的個人資料，如果他們開始覺得你的簡介像一段永無止境的旅程，便會失去注意力和耐心。
- 更新你的狀態：經常查看你的領英資料，確保上面的資料是最新的。發布你職涯中任何變化的最新消息，比如工作調動或晉升、獲頒產業獎項或是特殊成就。
- 保持領先地位：**每個月至少一到兩次，發布與分享所屬產業相關的文章或問題**。此外，閱讀同事或領導人的貼文時，要隨時保持警覺。當你發現同事更新了升職或新工作的消息時，一定要祝賀他們！當同事、雇主和招聘人員透過領英電子郵件聯繫你時，不要錯過，或許一個令人興奮的新機會正在等你。
- 表明你的「職業興趣」：當招聘人員在領英上搜尋好人選時，他們可能會把你列為頭號考慮人物。然而，他們不知道你是否真的對新機會感興趣，如果沒有，可能只是在浪費他們的時間。如果你不是在積極的尋找新工作，而是對各種可能性和機會持開放態度，看看領英的「職業興趣」功能，它就在「工作」搜索功能底下。在這裡，你可以填寫你的工作職位偏好、頭銜、行業興趣和理想的地理區域等資訊。完成這些會讓招聘人員和人事經理感到相當滿意，能看出你是否真的對新視野持開放態度。與此同時，你可以放心，你的職業意圖不會暴露到整個宇宙中。

領英的「人脈」幫助你建立一個動態的職業網絡，為你的個人資料注入了能量。記住，隨著你的人際網絡越來越廣，職業機會也會成指數增長。畢竟，這樣的故事你聽過多少次了：某個人因為認識公司裡一個重要的聯絡人而找到一份新工作、升遷，或者在特殊專案中得到一個位置。把領英看作是驅動這些連結的引擎。

一個強大的聯絡人清單，也會顯示出你所處的專業領域，並致力於建立一個成功人士的繁榮人際網路。你絕對不會想向同事和雇主傳達這樣的訊息：你害怕社群媒體，沒什麼心思和其他專業人士打交道。你不需要有五百個以上的聯絡人來讓自己感覺好像很受人歡迎，但是**五十到一百二十五個聯絡人，是一個很實際的起點**。在生活中保有一些隱私絕對沒有問題，但在領英上別只活在自己的框框裡。當你在會議、培訓，甚至社交活動中，認識一些同業和高階主管時，事後可以發送一個好友邀請給他們。

並不是所有雇主都使用領英來招聘求職者。但是**他們很可能會 Google 你，查看你在**

網路上是什麼形象。由於領英的 SEO（搜尋引擎優化）排名很高，只要是透過 Google 搜尋，你的個人檔案都會是出現在前幾名的結果。因此，無論他們是否為領英的常客，絕大多數的雇主至少都會看一下你的個人資料。

最近，我在一家小型非營利組織中的招聘委員會擔任董事，他們正在尋找新的執行主委。該委員會在領英和當地非營利網站上公布這個空缺職位，沒多久，就有許多積極的強勁候選人出現了。一開始，我們**在 Google 上搜索最優秀的幾位候選人，評估他們在領英職業簡介的品質和內容**。少數幾個沒有建立領英檔案的人，很快就被我們刪除了。委員會一致認為，任何合適的候選人，對於領英在促進組織發展、與同事溝通、支持專業發展，以及提供招聘工具，以找到最能幹的員工等方面的力量，都應該有所認知。最重要的是，這樣的候選人會知道如何把這個基本工具的潛力發揮到最大，為組織實現上述的所有目標。

在沒有領英直接好處的情況下，人們仍然可以找到工作、建立人脈、讓自己的事業進步。但在網路空間裡，如果你不在領英上，在專業水準層面來看，你等於不存在。

推特（Twitter）

我也要發推文嗎？推特每月有三・二八億個用戶，這個社交網路工具可以隨時通知讀者你的行動和觀點[12]。我能聽到你那內向的聲音在說：「哇！我可沒有想要把我的生活寫在頭版。」放輕鬆，推特允許你選擇何時向誰推文，所以你可以輕鬆的保護自己的隱私。

推特和領英的區別在於它是一個開放的網絡。在領英上，你和你的聯絡人是彼此同意達成連結。然而，如果有人在推特上關注你，你不一定需要關注他。你可以閱讀你所在領域的資深領導人、專家或作者的推文，而不需要與他們正式連結，那麼，為什麼不大膽向行業專家提出問題，或是透過回覆同業的推文，以表現出你的興趣呢？

如果你是這個社交網絡的新手，你可以**從追蹤精神領袖或同業開始。然後你可以開始發推文**（二八〇字的簡短訊息，臺灣則是一四〇字），來**展示你的行業知識和洞察力，或者提出一些問題來引發推文回應**。如果你在一個研討會中，聆聽你所屬產業中一位備受尊敬的領導者的主題演講，你可以在推特上即時分享你獲得的各種靈感或智慧。使用這個受歡迎的軟體來驅動職涯發展，最受歡迎的方法之一，就是發布與產業相關的文章或部落格貼文，來引起討論。推特會自動縮短這些連結的長度，讓網址符合推文的字數限制。

推特的一項獨特功能，就是**主題標籤的使用**。在推文中的詞彙或短語前使用「#」標籤符號，就能將其轉換為可搜索的連結。例如，如果你正在尋找紐約的工作機會，你可以在推文中使用 #jobs #NYC，來查找該地區的工作資訊，或是加入關於某個特定話題的對話。你也可以點擊像 #careeradvice 這樣的標籤，來查看關於這個話題的其他推文。此外，你也可以使用主題標籤來查找所在產業的專家，或直接進入產業相關對話。總而言之，主題標籤有助於讓你的推文更清晰，並在你的推特推文串中組織內容。

在推特上建立個人資料，比在領英上簡單得多。只要填寫以下資訊，就可以開始了。

- 名字和控制碼（@name）：這是你的識別資訊。關於推特的用戶名，一個很好的經驗法則是使用你的全名（@GretaNavarro）。如果你是要在推特上推廣產品或服務，就使用公司名稱作為推特用戶名（@CapTech）。公司或全名將出現在帳號上方。
- 照片：如果你很滿意領英上的照片，那就把它也用在推特上吧。要記住，你發的每條推文都會出現你的照片，所以要確保那是一張討人喜歡的照片。如果你正在推廣一項業務，你也可以上傳公司標誌。永遠記住，你的照片或標誌代表著你的品牌。
- 封面背景：把這個當作你個人簡介的看板，找一張精心挑選的照片，或與你品牌搭配的吸睛圖片來展現創意吧。如果你的品味偏向保守，也可以簡單選擇一個明亮的顏色作為背景。或是到 Snappa.com 或 Canva.com 這類的網站，它們提供免費的設計，讓你依照喜好

---

12 "Number of Monthly Active Twitter Users Worldwide from 1st Quarter 2010 to 1st Quarter 2018," Statista, www.statista.com/statistics/282087/number-of-monthly-active-twitter-users/.

選用。

• 個人簡介：**推特的個人簡介類似於一則簡短的廣告**。你有一六〇個字元可以發揮，把你的獨一無二之處，以及會讓他人想要追蹤的你的特色都濃縮進去。這部分寫不寫都可以，但你可以藉由加入一些特別的興趣和職業亮點，來個人化你的簡介。你也可以把自己的網站或部落格連結放在這裡。

參考下面三個例子，對於什麼是吸引人的推特個人簡介就會有大致的了解：

一、媒體策略；內容、開發、講故事和觀眾策略方面的諮詢；經常發言、小組成員和西北大學研究生專案兼職。

這篇個人簡介快速的闡明該用戶的主要角色：媒體策略者和專業的領域。

二、熱愛科技、健康生活和學習新事物的顧客服務用戶。

這個例子混合了專業背景和用戶的一些強烈興趣。

三、時尚設計師和纖維藝術家，具備獨一無二的熱情，回頭率超高的男女大衣。

恰如其分的藝術家推文。讀完這篇簡短的個人簡介後，你不想買件大衣嗎？

如果你正糾結於怎麼在個人簡介中恰當的表達自己，回到你的履歷標題、概述或領英簡介中尋找靈感。讓我們來看這個客戶如何將他的履歷標題和概述轉換成推特個人簡介。

社會學家、社會科學研究員、衛生政策研究員

履歷概述：精通資料分析、研究，並將研究結果改寫成與政策相關的論壇。善於使用管理資料集作為基礎，為遊民和相關弱勢族群提供服務，以確定和改善服務結果。

推特個人簡介：街友研究人員；顧問；復職教授、社會科學博士校友、政策書蟲、城市人。

履歷的簡述是比較正式的描述個人經歷，包括一些重要的關鍵字，如「資料分析」、

「資料集」、「結果」和「街友」。另一方面，推特的個人簡介提供了該學科的專業和教育背景，但也包含了更多非正式的詞彙，比如「政策書蟲」和「城市人」。

為了進一步確定推特是否對你有幫助，讓我們回顧一下它的好處。首先，這對找工作的人來說是個加分——招聘人員通常會在招聘正式發布前，先在推特上發布一些職缺。其次，建立一個推特帳戶很容易，可以確保你即時收到招聘通知。第三，如果你是一個企業老闆，推特是個經過驗證的強大社群，可以集結新的業務線索。如果你的策略就是在領域中保持領先，推特將會是一個很好的朋友，可以把你介紹給同業和領導者。

如果你還拿不定主意要不要用推特，可以**標籤你的所在行業領域，試探有誰在積極的發推文**。例如，如果你是一名生物醫學工程師，用 #biomedicalengineer 去搜索，你會發現兩個專業協會和許多推文，內容包括創新、當前研究、工作機會和即將召開的會議。如果你發現這些推文的主題很有意思，又是你想了解的內容，這就是個很好的跡象，意味把推特加到你的社群媒體工具箱中，會是個很好的選擇。

臉書（Facebook）

臉書是世界上最壓倒性受歡迎的社群媒體網站，如果你對這句話有任何懷疑，想想它每月擁有近二十億活躍用戶的事實，這使得臉書在社群網絡大聯盟中名列前茅[13]。

臉書用戶可以和親朋好友連結，分享生活照、交流瑣事、用成千上萬個文字加影片講述故事，並針對政治和社會問題發表意見。因為臉書是如此強大，所以建議你仔細檢查你的個人資料，以確定你的舒適圈要畫多大。你會被展示給業界人士和雇主看，但你可以控制他們看到你臉書頁面的哪些東西。只要調整你的帳戶隱私設定（點擊螢幕右上角下拉式功能表的「設定」，然後點選「隱私」，去查看你的選項），你可以輕易限制「非好友」能夠查看的資訊。

對於那些需要建立自己的品牌、迫切尋求管道推廣產品和服務的企業老闆來說，臉書的確是個好朋友。臉書的商業頁面允許你發布活動和公司廣告，同時提供一個功能，讓使用者可以直接在頁面上購買產品。它還有助於管理客戶，只要用戶點擊「讚」按鈕或開始互通訊息，就能收到通知。

臉書的求職公告欄也成為求職者經常光顧的地方。事實上，在臉書上排名前幾名的求職公告欄包括 Indeed（一般工作）、USAJobs（政府部門）和 coolworks（在度假勝地工作

13 "Number of Monthly Active Facebook Users Worldwide as of 1st Quarter 2010 to 1st Quarter 2018," Statista, www.statista.com/statistics/264810/number-of-monthly-active-facebook-users-worldwide/.

的機會），另外還有 CareerCast 和 FlexJobs。CareerCast 提供了大量的職業和工作搜索資源，對最好和最差的工作進行排名，同時發布各種領域和產業的工作；如果你是零工或對兼職機會感興趣，FlexJobs 是一個臉書求職網站，提供遠端辦公、自由接案、兼職和許多不同領域的彈性工作。

申請臉書帳戶的過程與推特或領英沒什麼不同。登入你的帳戶，然後填寫一份簡單的表格。註冊成功之後，會引導你經過一系列簡單的步驟，在你的首頁中增添一些個人風格：

- 大頭貼照：儘管名字是「臉書」，但大頭照並不是必須的，所以選擇一張更隨意的照片也無妨。如果你喜歡，可以選擇一個輕鬆的圖像，包括家人或寵物，或在你最喜歡的環境中呈現自己。使用隱私設定，就可以決定誰可以看到你的貼文和頁面上的其他個人資訊。然而，你的照片是所有人都能看見的，所以要確保它表達了你的個性，代表了真實的你。企業老闆也可以選擇使用公司的標識，這是一種有效而優雅的策略，取代更多的個人照片。
- 封面相片：類似推特的標題背景，臉書上的封面照片比較大，出現在你大頭貼照的上方。要好好選擇，挑一張能和大頭貼照搭配在一起的照片或圖片，增強你的個人風格。

確定了一個吸引人的平面設計之後，就開始邀請朋友。臉書將協助你搜索你的電子郵件通訊錄，你可以選擇想要聯繫的朋友，然後忽略那些不想聯繫的朋友。你也可以透過點擊你就讀的高中或大學，或者現在與過去的同事來找到朋友。

雖然你在臉書上的主要目標可能主要是社交，但不要忽視這種可能性：你的朋友可能擁有寶貴的聯絡人。俗話說：「重要的不是你知道什麼，而是你認識誰。」這句話千真萬確，它可能會帶給你嶄新的機會或工作。

釘圖（Pinterest）

想像一下，在社區中心或健康俱樂部的公告欄上，以圖釘釘滿了各式各樣的照片、公告和筆記。釘圖是一個高度視覺化的平臺，擁有大約一・七五億用戶。你不用圖釘，而是直接把圖片釘在釘圖的圖板上[14]。對於攝影師、平面藝術家和工匠來說很好用，他們可以把**自己的作品釘在牆上，讓全世界都能看到**。

釘圖也是行銷產品或業務的理想工具。將彩色照片與表示產品和服務的圖形釘在一

14 Salman Aslam. "Pinterest by the Numbers: Stats, Demographics & Fun Facts," Omnicore, January 2018, www.omnicoreagency.com/pinterest-statistics/.

起，可以給它們帶來特別的吸引力，增加吸引客戶和顧客的機會。使用釘圖，你可以設計一個帶有生動圖像的板子，讓它看起來流行感十足。接著，你可以使用多彩的色調和層次，神氣的展現你的產品或服務，同時讓人一覽你的公司文化。另一個動態功能是「Call to Action」（呼籲行動）。這是拓展客戶的絕佳方式，這個功能提供觀眾「免費試用」、「訂閱（最新消息）」或「立即加入」等選項。簡而言之，釘圖建議你把公司公告欄設計成「有幫助的、漂亮的、可執行的」，有了它們內建工具的輔助，你可以實現這個目標。

在設計一份風格獨特的履歷或一個特殊工作專案時，你也可以獲得很多樂趣，所以你在使用釘圖的時候可以多嘗試一些顏色和圖形。打造出一個公告欄展示你先前的工作地點，或是能展現你志工服務精神的機構，這些都可以吸引雇主的視線，立即引起他們的興趣，並提供與他們需求相關的資訊。雖然使用**釘圖的終極目標並不是招聘用的社群媒體，但如果把它連結到你的領英個人檔案時，還是很有用的**。當雇主在瀏覽你的領英個人檔案，並打開釘圖連結時，他們會看到一個有才華、有創意、經驗豐富的人。

如果你正在尋找新的工作機會，釘圖有自己的求職布告欄，像是 CareerBliss（提供一般建議和求職資訊）和 405 Club（自稱「官方待業布告欄」）。

部落格（Blog）

內向者傾向於先專注在自己的思緒和想法中，然後才寫出來（或是像我們在數位時代之前所說的「提筆寫下來」）。現在，我們沒有必要違背天性，與比較健談、行動導向的外向者競爭。相對的，你可以善用觀察和深入的想法，建立一個著重於你所屬產業的部落格，把你的天賦和豐富知識放在裡面。在你熟悉的、舒適的空間裡，既能保持真實的自我，又能接觸到大量觀眾，並以一種溫和的方式影響社群媒體。

開始經營部落格有很多原因。**你是這個領域的專家嗎？你想接觸多種管道來建立自己的事業嗎？你是否對某個專業領域充滿熱情？**寫部落格可以提高你的可見度，讓你的知識、產品或服務呈現在最正確的位置，提高它們被觀眾看到的機會。對於內向者來說，部落格是個很理想的媒介，它可以給你強而有力的聲音，而且不需要你真的說出任何一個字。

不管你在找工作的過程中處於什麼位置，下面的步驟都可以幫助你起步：

- 建立讀者：開始寫部落格時，第一步是確定你的目標讀者。接下來，與同儕談談，或是調查當前的客戶，找出似乎普遍存在的問題、挑戰與趨勢。這將幫助你為接下來要撰寫的文章，找出能讓讀者產生共鳴的主題。

• 選擇一個名字：為你的部落格選擇一個與主題相關的名字，這樣讀者就能很快的看出部落格的主題。在網路上搜尋一下，確保你沒有重複一個已經存在的名字，然後選擇一個合適的。如果你是一家企業或推銷一種產品，只要用公司名稱來吸引顧客。許多公司和組織都已經將部落格連結到他們的網站上。

• 放上網路：要讓你的部落格開始運作起來，選擇一個部落格平臺。WordPress 使用上相當簡易，也是最流行的平臺之一。其他一些包括 Blogger.com、Typepad.com 和 Google+。你也可以向寫部落格的朋友和同儕尋求平臺建議。

• 打造吸睛的設計：你的目標是創建一個具有視覺吸引力和存在感的部落格。當然，要符合部落格的主題，簡單的設計通常效果最好，如果有興趣，可以再添加一些色彩或圖樣。考慮用照片做出有代表性的外觀，對於一個產品或事業，要記住，一張照片勝過千言萬語。我有個認識的人在旅遊業工作，最近她推出了一個旅遊部落格，吸引客戶和廣告商到她的網站。這個名為「藝術護照」的部落格，特色就是有歐洲多個景點、引人入勝的美景照片。由於部落格主題和照片的優雅性質，在你開始閱讀的那一刻，就彷彿被帶上了旅途。

• 發表真正能吸引讀者的文章：在你寫部落格文章的時候，要考慮你想吸引的觀眾族群，時時想著你要為讀者提供什麼，才能引起他們的興趣，同時要確保你使用的是觀眾熟悉的詞語。寫部落格有六項優點：

一、解決問題：一般而言，顧客和讀者總是在尋找新的解決方案，或是解決問題的實際方法。**當你在部落格上提供有用的建議時，人們會開始視你為專家**。如果你的主要目標是建立業務，就展示你的產品或服務如何解決某個典型的問題，或改善顧客的現狀。只要做到這一點，就會吸引越來越多客戶到你的網站。

二、建立社群：如果你在銷售一種產品，部落格提供了一種讓你和讀者聯繫的獨特方式。在你發表部落格文章時，等於提供讀者一個留言的機會。而**當你回答問題並提出建議，你就確立了自己在這個主題上的權威地位**。隨著部落格社群的發展和壯大，他們的評論可以代表來自各種背景的觀點，提供了寶貴的機會，讓你直接與發展中的客戶群互動。你和讀者之間這種重要的「給予與索取」，可以發展成重要的線上關係。

三、帶動流量：一個成功的部落格會不斷的產生新讀者，並播下種子，以促進專業或業務方面的成長。以下的方法可以幫助你**把讀者流量導向你的部落格**：

- 在推特、領英和其他相關社群媒體上分享部落格文章。
- 向目前和潛在的客戶或相關專業團體，發送部落格文章的電子郵件通知。
- 向領英群組或其他線上專業網絡發送部落格文章。
- 在你的電子郵件簽名檔中放入部落格的連結。

- 加入你網站的連結。
- 在其他專業或商業部落格上發表文章。
- 提起勇氣，發送部落格文章給你所在行業中，有影響力的領導者。

四、提供有價值的資料：在部落格體驗中，分享個人資訊是很自然的部分。當讀者發現並開始回應你的部落格時，他們常會提出與自身興趣、關注和需求相關的話題。他們也可能提出問題，或請你給予建議。當你注意到很多人都在回覆某篇文章時，你可以得出這樣的結論：你偶然發現了一個共同的問題或普遍的興趣。**留意讀者回應的文字，可以引導你探索新的內容**。這種透過寫作進行的反思式傾聽，可以邀請讀者參與，並吸引其他有同樣興趣的人。如果你是在為自己的事業寫部落格，那麼，這些能夠激發你的思維和創造性想法的資訊，可以在保持現有客戶的同時，產生新的商機。

五、保持與觀眾的聯繫：維持住觀眾的注意力和興趣是至關重要的，如果你能做到這一點，提供一些值得注意的可能性，你就能走得很遠。關鍵是透過滿足他們的需求，來保持與他們之間的聯繫。包括讓讀者更容易**訂閱你的部落格**，確保你一有新文章發布，他們就會收到通知。每個人都喜歡「免費」這個詞，因此，除了讓客戶訂閱你的部落格外，你還可以提供免費的內容，像是電子報等，來滋養你的讀者。

六、**能提供識別或被發現的潛力**：當你寫部落格，就像是傳播一張邀請網。你可能會引起雇主的注意，因為他們碰巧在推特或領英上看到你的一篇文章。（你希望他們會在未來的事業機會想到你。）如果你是一位創業者，你的部落格文章可能會吸引合作夥伴或投資人。而且，由於你的專業經驗和智慧反映在部落格上，你甚至可能吸引記者的注意，這些報紙或電視節目可能會想要採訪你。

寫部落格提供內向者一個舒適的機會，讓他們在自己的領域或事業中獲得認可。儘管部落格可能不會讓你成為明星，但有些部落客已經收到了以部落格文章為基礎的圖書合約，就是因為這些文章包含值得注意的內容，也已經發展出大批追蹤者。最後，如果你經常發表文章，也會到別人的部落格留言，成為一名好的網路公民，你就成功了。

現在你的腦袋可能旋轉個不停，試圖找出哪種社群媒體會為你的職業發展帶來最佳結果。雖然你想從社群媒體上獲得最大收穫，但內向的你可能還是糾結於到底暴露多少個人資訊是真正必要的。隨著科技的日新月異，就業市場的潮起潮落，網路交流平臺繼續以驚人的速度發展。但你若被洶湧而來的社群媒體嚇倒了，你和你的事業可承擔不起，而且也真的沒有理由退縮。領英和推特可以幫助你與其他有才華的專業人士分享想法、經驗和技能，臉書也為當今的求職者提供不少資源。

同時使用多個社群媒體網站，你很容易就會不知所措。你可以下載一些應用程式，如TweetDeck和Sobees，它們的功能像是個儀表板，**將所有社群網站的貼文保存在一個位置，來讓你管理自己的社群媒體**。這些應用程式**讓你同時創作和發送消息到領英、臉書和推特上**。這種儀表板可以改善你的社群媒體生活，而且大多數都是免費的。

了解你的職業目標，對於發展社群媒體策略是至關重要的。所以，在你開始上網之前，試問自己以下問題。提前思考有助於避免各種社群媒體平臺之間的混淆，並將你的努力集中在最需要的方向。一旦你的目標明確之後，就可以制定出最有效的策略來實現它們。

- 你的職業或商業目標是什麼？你是想擴大你的人際網絡、尋找合作夥伴、促進事業發展，還是你正在找一份新工作？
- 你的目標觀眾是誰？你是否試著要接觸雇主、同事、客戶或消費者？
- 是什麼讓你成為這個領域的專家？你是一個擁有特殊技能和天賦的人嗎？社群媒體平臺要怎麼幫助你展示這些才能，提高你的可見度？
- 你所在領域的領導者是誰？在社群媒體上與他們聯絡，能幫助你掌握自己的職業或建立事業嗎？你希望從專家那裡了解各種新趨勢或創新嗎？
- 你如何衡量是否達成了目標？是根據讀者的人數和反應、獲得新的業務線索，還是收到招聘人員的聯繫，以獲得新的機會？

經營社群媒體需要時間，你可以直接實際操作，看哪些網站可以在不占用你額外時間的情況下，為你的職業目標提供最佳途徑。你可能想要做一個社群媒體時間表，或使用圖表來繪製你閱讀和發送貼文的頻率、擴展人際網絡，以及閱讀當前和未來產業趨勢的文章。有各式各樣的免費應用程式可以幫你設計社群媒體日程，例如 Google 日曆、Basecamp 和 Wunderlist。

本章的最後一個觀念，請記住，社群媒體可能會上癮。在社群媒體上保持活躍很重要，但請不要破壞工作和生活的平衡。

第五章

發揮內向優勢，與陌生人交談

無論是在電話裡還是當面，與陌生人談話通常會讓內向者極度拘謹，或者只願意透露一點點資訊。當你面對一個典型的外向者時，你可能會覺得大量資訊淹沒了你，以至於你很難找到一個空間，插入自己的思緒和想法。儘管有這些挑戰，在當今職場中，以及零工經濟不斷增長的情況下，人脈關係可以成就也可以毀掉一份事業。最近一項調查顯示，七〇到八〇%的求職者，是透過關係找到工作的，包括透過現任雇主。阿德勒集團（Adler Group）的執行長與作者盧・阿德勒（Lou Adler），在二〇一六年進行的一項調查發現，在三千名受訪者中，有八五%是透過人脈直接獲得工作的[15]。

15 "Survey Reveals 85% of All Jobs Are Filled via Networking," The Adler Group, 2016, https://louadlergroup.com/new-survey-reveals-85-of-all-jobs-are-filled-via-networking/.

當你看到這些驚人的資料時，內心可能會喊著：「噢，不！」意識到如果不建立起自己的人際關係網絡，就不可能在職業上有什麼重大進展。這事實很令人震驚，但你可以把這些令人洩氣的數據，轉變為你的優勢。你要知道，你天生善於**傾聽**、**專注**和**提問**，可以讓談話朝著有意義的方向發展，這些寶貴的天賦可以**讓你成為社交領域的搶手貨**。

此外，你可以藉由你的個人風格，成功建立起重要的職業關係。有時候，你可能必須走出舒適圈，向新的方向挑戰。但是，如果你放輕鬆，讓內在的力量引導你，建立人際關係也可以是一段愉快的旅程，帶領你走上機會之路。

本章中，我將分享一些方法和工具，幫助你在建立人脈時感到自在。只要有條理的運用這些建議，就能在你自己的個性範圍內，把內向的力量發揮到極致。想像房間裡擠滿了人，這些人不是陌生人，而是潛在的盟友和有價值的關係。

計劃之中的好運氣

我的幾個客戶發現，約翰・克倫博茨的〈偶遇學習理論〉支持了他們的職業發展。其主要概念是，你可以透過對偶然事件採取積極行動，將好奇心轉化為探索和學習的機會。約翰相信「幸運不是偶然」，如果你準備對自己的興趣採取實際行動，就能把創造機會的可能性放到最大，為自己的職涯創造更多進展。換句話說，你可以**經由計劃過的偶然事件，來創造自己的好運氣**，帶著積極主動的心態，期待意想不到的事情。

蘇珊娜的例子正好可以說明這樣的「幸運」，她在人際交往方面的主動行為，變成一個出其不意的機會。蘇珊娜是一家房地產開發公司的高階主管，從貧困的環境中長大，是家裡第一個上大學的人，這段經歷澈底改變了她的生活。教育和學習是蘇珊娜最看重的價值觀，因此她成功取得常春藤盟校的學士和ＭＢＡ學位。蘇珊娜對學習的好奇心和熱情，使得她想離開部門，往金融和營運管理方面尋找新的機會。一個在當地大學工作的好朋友，把學校財務和行政副校長的聯絡方式給了蘇珊娜。

經過一連串的電子郵件往來後，蘇珊娜安排了一次與副校長的視訊會議。她對這次會議沒有任何先入之見，只是希望更加了解副校長的背景，深入認識大學院系的情況。原來，這位副校長才剛到這所大學八個月，正在改組系所。在他們討論的過程中，副校長對蘇珊娜的經驗、技能和背景越來越感興趣。最後，他建議蘇珊娜到他的部門工作。蘇珊娜不僅被聘為副校長助理，還能談工作條件。

蘇珊娜的好奇心促使她採取行動，促成了一次會議，並帶來一個理想的職業。就算每次會議的結果不都是那麼令人滿意，這樣的經歷都是有影響的，畢竟誰知道與相關專業人士進行面談，還會帶來哪些潛在的好處呢？

想用人脈存摺，日常就該定期儲蓄

人際關係真的就像魔杖一樣，能變出職業機會。如果你看到它強大的魔力，你就會相信，大膽對你而言是最有利的。當你**不強迫某一段人際關係時**，它往往會發揮最佳作用，所以在這一章中，列出了一些具體步驟，你可以採取這些步驟來克服建立人脈網絡的恐懼，勇於去承擔新的風險。然後，利用你的內向天賦，以你的個人風格，優雅的經營人脈關係，並善用下面的這些好處：

一、機會：在社群媒體或會議上的簡單對話，可以成為你將來的生命線。當你深吸一口氣，冒險進入職場的開放空間時，你會遇到各行各業的人。與以前的同事或高層領導人建立聯繫，這都可能帶來工作機會，或是一個新想法，為你的事業播下種子。

和你保持聯絡的人可以提供擴展你知識和專業技能的機會。我曾經參加過一個會議，期間，一位同事把我介紹給一位出版過職業相關書籍的作者湯姆。湯姆與我分享他在寫書過程中的經驗，並提供了一些對本書的發展不可或缺的提示，後來我仍繼續和湯姆保持聯絡。一次偶然的機會，使我得到了許多實用知識，以及一個有價值的人脈關係。

在建立人際關係的時候，不要把平淡無奇的談話看成是無關緊要的。與新朋友的第一次交談，可能會開闢一條道路，為你建立商業夥伴關係，或是為你找到積極、有活力的合作對象。

二、可見度：當你敞開心胸去認識新的專業人士時，你會與他們分享你的工作資訊，並就產業面臨的挑戰及當前和未來的趨勢交換意見。人們能感覺到你在這個領域的價值，以及你所能提供的資源。當重要的人**知道了你的經驗、成就和技能時**，你的聲譽就有機會展翅飛翔。這種接觸可能會讓你被視為一位專業人士，甚至是你所在領域的專家。

如果你恰好是應屆畢業生，或者即將重返職場，沒有人會認為你已經是個專家。然而，人際網絡仍然提供了一個機會，讓你可以向未來的雇主展示你所能提供的。

三、知識：當你認識新的同業或高階領導人時，你很自然的會談論你的工作和興趣，並就產業新聞和趨勢發表意見。在與這些有聯絡的人的對談中，你可能會學到值得進一步研究的新方法，你也有可能會想在自己的組織中實踐。

四、人際網絡的優勢：有許多職位空缺通常是不會登廣告的（比如約聘工作），更不會用閃爍的霓虹燈強調，所以它們仍然會隱藏在視線之外。因此，在你尋找夢想中的工作，或準備在職涯中取得成功時，運用人際網絡就像張開一張大網，可以幫助你摘到星星，達成你想要的目標。你所建立和培養的人脈可以把你介紹給合適的人，讓你掌握其他的機會。

想像一個典型的雇主坐在辦公桌前，為了一個職缺，從一大疊履歷中尋找人選。眼前每張履歷都極力爭奇鬥豔，你如何才能脫穎而出，展示自己的才能呢？真正的區別在於口碑。如果一位在專業領域受人敬重的同業或高階管理人員，對雇主說了些好話，你被注意到的機會就會更大。透過一個與雇主有私交、甚至是同事關係的人，來讚揚你的職業道德和技能，就可以打開一扇門，可能會為你爭取到面試機會。

運用內向優勢，拓展人際網絡

我承認自己在過去某一段時期裡，加入了內向者的行列，為了避免參加大型場合，苦惱「不克參加」的理由。在社交活動的前一晚，我會希望這個活動被取消。到了早上，我深呼吸幾次，穿上正式的服裝，把自己推出門外，幾乎可以感覺到自己要掉下懸崖了。然而，當活動結束的時候，我又會發現自己如釋重負，而且充滿愉悅。儘管我生性內向，焦慮的感覺也不曾改變，但這樣的經驗讓我能夠與激勵我的人來往。

事實沒有像自己想像中的慘烈，我得到很有價值的資訊。的確，你可以逃避聚會，用不同的方式建立人脈，但有時候，深呼吸和冒險確實能帶來回報還有自信，讓你攀上新高度。當然，不要以為你必須參加所有的社交活動，這樣就連外向的人也會累。每年參加一些社交活動是有好處的，你也**可以透過一對一的會面和或是使用社群媒體，來拓展人際網絡**。

當進入滿滿人潮的房間裡時，無論什麼性格的人，都會有不知所措的時候，特別是內向者。然而，**即使內向**，如果懂得欣賞自己的長處，依靠天生的優勢，也能自信的步入鎂光燈底下。**利用你的反思技巧來計劃如何進入房間，準備好一個腳本和關鍵的臺詞**，便可緩解你對打開話題的恐懼，並把房裡的陌生人變成有價值的聯絡人。

內向者認識新朋友時，喜歡深入了解對方，他們經常會提出富有洞察力的問題，引導對方分享內心世界。發揮你對興趣的好奇心，**寫下那些能突顯你的洞察力、激發談話，並建立穩固關係的問題**。把事情寫下來，比較能將它們烙印在腦海中，使你的思緒不容易偏離軌道，或在談話中停滯不前。

把鏡頭轉回到自己身上，**想一想，對你來說什麼才是最重要的？哪些話題能把你從你的防護罩中拉出來？**當你是發自真心、充滿能量的說話時，別人會感覺到。這樣一來，你不僅能把自己的經歷和才能生動的描述出來，同時，你的精力也會吸引別人參與，讓談話變得活潑。

你可能會採用溫和的方式，比較常提問，而不是自我揭露。但是對話是需要雙向的，所以到了某個階段，開始**分享你的經驗**也是很重要的。記住，在交流的過程中，你可能會建立起一種連結，並演變成職業發展的關係。下面是交談時提問題的範例，為你提供一個良好的開頭：

- 你以前參加過這類活動嗎？
- 你在這個領域工作多久了？
- 你的職涯是如何開始的？
- 是什麼讓你對這個領域有興趣？
- 你在社群媒體上有追蹤哪些學習對象？
- 你最喜歡工作的哪個部分？
- 你正面臨的挑戰是什麼？
- 你在這個領域中看見什麼趨勢？
- 我能介紹某個人給你認識嗎？（前提是你之前參加過該組織的活動，而且已經認識了幾個人。）

由於對話有雙向性，你總會遇到需要回應或提供資訊的時刻。雖然完全是背下來的臺詞，聽起來會很不自然，但準備一些重點或短句還是很有幫助。提前準備可以讓你有充分的時間組織想法，以確保在自我介紹時能講得更流暢。

你可能很想用最傳統的方式介紹自己，例如：「我是李山姆。我在SAP公司當軟體設計師。」雖然這種自我介紹基本上沒什麼問題，但你可以**先解釋一下你做了什麼，而不是**

你的頭銜，然後再談談你為公司增值的方法，這樣可能比較容易引起別人的興趣。用這種方法，你可以展現出自己不是空有一個頭銜，而且聽起來比簡單列出工作職責更有吸引力。

你可能會提及的資訊，可以拆解為**自我介紹的四大要點**：

- 你在做什麼？
- 你如何為公司增值？
- 你有特定的興趣或專長嗎？
- 你的職位名稱及公司為何？

讓我們來看擔任私人教練的瑪雅，她如何使用這四大要點，仔細規劃她想在自我介紹中說什麼，然後把所有要點放在簡短兩句話的臺詞中：

- 你在做什麼：我激勵人們過最好的生活。
- 你如何為公司增值：我幫忙客戶確定他們生活中真正具有意義的事情，並為他們制定策略以實現目標。
- 特定興趣或專長：平衡工作與生活、應對壓力的方式。

- 職位名稱及公司：Dream Big 公司的教練。

你好，我是瑪雅。在我的教練機構 Dream Big 中，我專攻工作與生活的平衡和壓力管理。經由幫助客戶確定自己的目標，並制定實現目標的策略，我激勵人們活出最棒的生活。

即使是最聰明、能幹的人，進入一個已經充滿熱絡對話的房間時，也可能會感到不安。如果你害怕這樣的場合，**試著在活動一開始的時候就到場**，這樣你就可以開始一段對話，而不是試圖插入其中。

我經常在**進入會場前，先在外面深呼吸幾次，或**是進入現場前，**先找一個安靜的地方獨處**。創造一種內心平靜的感覺，這樣你就可以優雅的進入一個原本可能令人生畏的情境中。一旦你進入房間，確保你能盡快開始對話。一個人待太久會讓你感到不自在，然後你只會發現更難打破疏遠的感覺。

如果你注意到有個人獨自站著，在環視房間時顯露出猶豫的神情，就走過去和他說話。當你們互相自我介紹，並開始談話時，雙方內心可能都會鬆了口氣，很快就會發現彼此有一些共同點。然而，**不要期望每段對話都是充滿活力或互利的**。如果狀況進展不順利，禮貌的為自己找個藉口離開，請放心，更好的同伴可能就在幾步之遙。

讓對話發揮效用，並建立融洽關係的一個簡單方法，是使用一種叫做「同步」的技術，它基於神經語言程式（NLP），這是一種結合了神經學、語言和程式設計的溝通理論。同步的關鍵是，**找出你和談話對象之間的相似性**。你可以從討論基本的話題開始，比如天氣或是會議場所的環境。接著，隨著對話的進行，你可以配對出相似的個人或職業興趣。例如，你的談話對象可能提到一個你同樣很感興趣的產業新趨勢。當你承認你有類似的興趣時，就是在認同對方的興趣。或者，你可以問你的談話對象，他們在工作之餘喜歡做什麼，也許會發現你們最近都看了同一部電影，或是都熱愛騎自行車。

雖然交流專業經驗和知識，是你參加社交活動的主要目的，但你也可以透過共同的興趣，讓關係更融洽。請注意，無論是在團體或一對一面談中，用這個方法建立融洽關係都是有效的。

要記得，社交活動不是馬拉松，你**不必撐到最後一刻才離開**。這個概念可以幫助你從一開始就冷靜下來，因為你知道只要你感覺任務達成，就可以離開了。

還有一點，如果你需要短暫的休息，並不表示你放棄目標了。你大可以走出去透透氣，或在一個安靜的房間裡坐幾分鐘。自己實驗看看，找出適合你的方法。

內向者通常不願意在第一次見面時，就把太多事情攤在別人面前。你傾向對他人好奇，而不是提供資訊。這種方法很好，但是**為了建立信任關係，你必須多分享自己**。比如說，分享你對自己手邊專案的熱情，或是單純提及一些可能會引起聽眾興趣、會給他們留下深刻印象的成就。

身為一個內向者，你可能會發現，分享想法和知識，比把明亮的聚光燈打在自己身上容易多了。但在外向的工作環境中，能得到最多認可的，是你備受肯定的工作成果。所以，把這個也列為社交活動準備的一部分，**準備好兩項成就，在相關的對話中穿插進去**。這會促進對話，讓你成為眾人矚目的焦點。一定要避免認為自己沒有達到標準，或者目前所取得的成就很平凡。你可以從第二章和第三章中的自我評估表或履歷概述中找到很多成就。

擔心聽起來像是自吹自擂嗎？給人留下自大狂的印象，像是「我是世界上最好的資金募集者。」，和簡單的宣傳自己比較，像是「我最近為一個新的獎學金專案募集到三十萬美元，主要來自威廉基金會和部分個人捐款。」這兩者之間有很大的差異。

活動結束後，一定要聯絡你的新朋友。下面是與他們保持聯繫、持續發展的方法：

- 交換聯絡資訊：在活動中交換名片，並邀請那些看起來消息最靈通、反應最快的人，在領英上與你連結。盡量不要只使用領英上的簡單訊息：「您好，我想加入您的領英人脈網。」加入一些私人的接觸，比如：「很開心在最近的社交活動中認識你。希望能與你保持聯繫，繼續我們關於使用銷售團隊的對話。」

• 一起吃午餐或喝咖啡：想要與新朋友保持聯絡，你可以邀請這個人一起吃午餐或喝咖啡，安排你自己的人脈活動。利用你喜歡一對一交談的內向者偏好，深入了解這個人的背景、經驗和知識。這也是一個讓你採取行動，培養關係的簡單方法，它可能會對你現在或未來的職涯有益。

• 加強聯繫：如果你有機會與所屬領域的領導人交談，不要害怕透過寄電子郵件來聯繫。這種額外的接觸就像必要的黏著劑，有助於保持聯繫。下面這個例子，就是適當的後續跟進方式：

很高興昨晚能認識你，對你的職涯也有更進一步的認識。你在社群媒體行銷方面的創新方法，讓你在短短一年的時間內，成功將客戶數量增加了五〇％，令我感到佩服。我很欣賞你的熱情和獨創性，希望能與你保持聯繫。

用這種方式點燃火花，可以幫助你克服內向者喜歡隱藏起來的傾向。如果你寫的訊息得到了熱情的回應，你可以再冒一次險，邀請這個人一同共進午餐或喝杯咖啡，以此加深你們之間的關係，還有可能獲得寶貴的職涯建議。

大多數經驗豐富的領導者喜歡談論自己，以及他們所創造和取得的成就。他們喜歡給專業人士提供建議和職業發展指導。所以，這值得一試，你可能會得到一位貴人。

- 組一個社團：如果你參加過好幾場專業組織的社交活動，應該已經有機會結識一群同業。那麼，何不乾脆成立一個小型的互助團體呢？我一直是費城職業協會的成員，透過這個協會，我建立了許多有益的關係。我還與其他四位職業諮詢專家，組成一個互助小組。為了跟上領域的最新趨勢，我們每年都會聚會幾次，就客戶的經歷交換意見。在這個小組中得到的支持和建議，都是非常寶貴的，而且光是知道我有問題或擔憂時，可以跟他們討論，這一點就令人安心。

額外的社交技巧

- 志工：大型活動的策劃者通常會徵求志工，幫忙處理從登記到組織活動的各種細節。以這種方式參與提供了一個機會，在活動開始之前先與人見面。你可以減輕擔憂的情緒，因為你有特定任務和熟悉的設備，先認識了一些組織成員，並把自己設定為願意投入和幫忙的人。同樣的，你也可以自願加入專業協會的委員會，或以專業工作為目標的團體。當你們在特殊的計劃和專案上合作時，對於每個人的知識和技能，你又將有深入的洞察，而且在發展強大合作關係的同時，你也會更加了解自己的才能和興趣。
- **設定實際的期望**：對你希望從社交活動中得到的東西，要實際一點。重點並不在於你收集了多少張名片，就算你只參與了一次生動、有趣的對話，或者透過學習新東西，擴展你對產業問題的理解，你仍然可以把這次看作是成功的經歷。

- 評估結果：使用你自己內建的分析系統，來仔細評估活動的價值。把你的個性和敏感擺到一邊，不要對自己太過嚴苛。觀察正面的結果，並注意自己做對了什麼。然後設定一個方法，思考下次可以如何改進。在衡量事情進展的時候，要記住，人際關係並不只是關於你如何推銷自己，它也是一個機會，讓你為團隊做出貢獻。給你的同業一個認識你的機會，看看你如何提供建議和知識。

內向者通常對接觸聯絡人感到不安，即使以前見過這個人，你也會擔心這個人會不會太忙或太大咖，沒有時間和你交談。或者你又在和同樣揮之不去的焦慮鬥爭，不知道見了面要跟對方要說什麼。但是，你絕對可以克服這些負面想法。只要記住，大多數人喜歡談論自己，喜歡分享他們的經驗、成就和專業知識。

想要得知更多資訊，並從經驗豐富的專業人士身上獲得職涯發展的建議，一對一談話是最理想的方式。不久之後，這些聯絡過的人很可能就會成為僱傭關係的聯絡人、客戶，甚至是合作夥伴。而且與人脈會面，將在很多層面為你打開一扇門，你會更清楚如何接觸潛在雇主、行業發展的趨勢，以及該領域中的就業機會。此外，如果你正在尋找一個新的工作機會，它將幫助你為面試過程做好準備。更好的是，它提供了一個在非正式場合推廣你的專業背景、技能和價值的機會。

與社交活動一樣，想要充分利用與特定的人會面的機會，關鍵就是做好準備。專注於你的目標，你希望從聯絡人身上學到什麼？關於你的經歷和職涯目標，你想要什麼？從聯絡人那裡得到的哪些建議，對你的職涯發展或找新工作有什麼幫助？等到你回答完這些基本問題後，你就已經準備好繼續前進，從一對一面談中收割了。

維繫好關係的六步驟

一、研究：拿出你的放大鏡來追蹤線索，扮演偵探的角色，這些線索可以讓你深入了解一個聯絡人的歷史，也可以讓你知道他在職業道路上的亮點。只要查看聯絡人在領英上的個資，很容易就能找到對方的專業背景，以及職涯經驗的簡述，或者你也可以找他最近的文獻或出版品。你還可以查詢對方是否有得過獎，或在領域中以創新而聞名。

如果你是要去見一位高階領導人，可以先在公司網站上搜尋他的個人檔案，預先了解這個人的背景和顯赫紀錄，這樣就能讓他留下你有做足功課的印象。也要花時間去研究一下這個人的公司，如果你對他的合作夥伴、服務或產品有最新的認識，可以侃侃而談，他就會對你更感興趣，並支持你的目標。

二、請求會面：寄一封簡潔明瞭、易於理解的電子郵件（三、四段話就好），解釋你寫這封信的原因，你如何取得對方的聯絡資料，並簡單介紹一下自己。在信的結尾，提出會面的請求，無論是當面、通電話還是視訊。如果你真的安排到一段時間，和這位聯絡人見面吃午餐或喝咖啡，記得要請客。以下是請求會面的範例：

親愛的尼克：

我是在你的同事米蘭達的建議下，寫這封信給你的，她認為你是談論物流和供應鏈機會的最佳人選。看過你在領英上的個人資料後，我對你在汽車、餐飲服務、食品雜貨、高科技，還有醫療保健行業的豐富經驗，感到印象深刻。希望能跟你約個方便的時間見面，對你的經驗、產業見解有更深入的了解。

我有印第安那大學的ＭＢＡ學位。在過去兩年中，我一直在塔吉特公司擔任初級物流工作，負責監督貨物的儲存、運輸和交付。在這間大公司工作，讓我學到了很多，在那裡我運用分析和定量的技能，把儲存率提高了五〇％。（注意：一定要強調至少一項成就和一些技能。）

在過去的一年裡，我的公司一直在裁員，所以這是一個尋找新機會的理想時機，也是我職業發展的下一步。

我相信我能從你的專業和物流知識中受益。我知道你事務繁忙，但希望你能在百忙之中抽空與我見面。你可以回信到這個電子信箱，或撥手機聯繫我。

要有耐心。這位聯絡人可能正在出差，或從事一個複雜、截止日期迫在眉睫的專案。如果兩週內沒有收到任何回應，那就發一封禮貌的信件，說你知道對方可能很忙，希望很快能與他們取得聯繫。通常，體貼入微的第二封信就能引起對方的回應，但就算對方始終沒有回覆你，也不要氣餒，只要轉向另一個聯絡人就好。

三、提出問題：一旦聯絡人同意與你見面，也把時間安排好之後，讓你天生的好奇心成為泉源，提出可以加深對產業或公司了解的問題。同時，也要找出一些有助於實現你職涯目標的問題。

這麼做可以消除「要從哪裡開始？」或「我應該說什麼？」的焦慮感。把你的問題記下來，在見面時提出，這種行為沒有什麼問題。你如此周到的準備，很有可能會讓聯絡人留下很好的印象。

在你和對方握手，用簡單的問候開場之後，你的注意力就應該直接集中在對方身上。

從下面的列表中選擇一些問題，並確保它們與聯絡人的職涯過程有關。在這種比較私人的問題之後，你可以繼續詢問與該領域的知識更相關的問題，收集一些職涯的建議。以下是對人脈提出問題的範例（見下表及下頁表格）：

四、站上舞臺中央：隨著人們的注意力持續下降，重要人物的行程比以往更加繁忙，三十秒的電梯演講已經成為一種流行的自我推銷方式——一種主要針對專業聯絡人或雇主的推銷說辭。然而，電梯裡可能會很擠（反正人們也真的不喜歡在電梯裡說話），所以我推薦自己發明的SAVVY公式，這是個讓你向人脈展示自己的公式。整場演說只需要不到六十秒，但它涵蓋了你職涯中最重要的元素，以及你做出重大貢獻的方式：

經驗和背景

- 你為什麼會決定進入這個領域？
- 關於你的工作，你最喜歡和最不喜歡的部分是什麼？
- 你工作中最大的挑戰是什麼？
- 如果你的工作突然被中斷了，你會想做其他什麼類型的工作？
- 你如何平衡工作和個人生活？

特定行業或工作

- 這個領域需要什麼樣的經驗和教育背景？
- 必須具備的技能是什麼？
- 什麼樣的個人特質可以成功？
- 你會怎麼描述這份工作中典型的一天？
- 你認為這個領域目前的趨勢是什麼？
- 在一週當中，可以有部分時間在家工作嗎？你的工作時間表靈活嗎？
- 一般員工在貴公司工作多久？
- 這是可以變成外包接案或零工約聘的工作嗎？
- 當你面試一個求職者的時候，你在尋找的是什麼？

創業者或新創公司

- 這個事業的想法是怎麼來的？
- 你最主要的挑戰是什麼？
- 你從失敗中學到了什麼？
- 你如何建立主顧客？
- 你如何推銷你的事業？
- 你認為要當一個成功的創業者，最重要的技能是什麼？
- 身為創業者，你最喜歡的部分是什麼？
- 對於想要在新創公司工作的人，你會給他們什麼建議？
- 對於想要自己創業的人，你會給他們什麼建議？

- S（Synopsis）職業和教育背景概述：簡短介紹你到目前為止做過的產業，以及你的教育背景、培訓經驗或具備的證書。
- A（Accomplishment）成就：你可以從先前的練習中挑出一、兩個成就。
- V（Value）價值：展示你如何增值的特定技能和能力。
- V（Virtue）美德：諸如「熱情」、「敬業」、「有創意」等個人特質。
- Y（Your Interests）你的興趣：你在這個領域或產業中尋找什麼。

五、收尾：在你們明顯已經建立了良好的關係，會面也進行得很順利，但是已經準備要告一段落時，你可以問這位聯絡人，他們是否能想到其他的產業相關人士，是你應該去見一下的。此外，詢問他們是否推薦其他閱讀資料，或其他你可能會從中受益的專業協會。當然，要強調這次會面對你非常有益。

六、後續跟進：**寫一封簡短的感謝信，表達你對這次會面的熱情**，感謝對方花了寶貴的時間。在信中，特別強調你學到很有幫助的東西。現在這個時代，藉由電子郵件表達感激之情絕對是可以接受的，但你也可以考慮手寫信件，這種表達感激之情的優雅方式，只要它很好閱讀就可以了。

艾倫是一位既成功又聰明的社會工作者，但她對於經營人脈相當膽小，於是她運用SAVVY公式，變成了高效精明的人脈經營者。

先前艾倫一直在尋找新的工作機會，但長達兩年遲遲沒有任何收穫。她當時在心理健康機構，為各式各樣的客戶提供諮詢服務，這份工作對她來說是有成就感的，但隨著雇主增加她的工作量，這份工作開始變得很有壓力。艾倫的工作表現出色，也很受同事們的尊敬，因此她不明白自己為什麼找不到新工作。在仔細思考自己的興趣和技能，並研究其他工作選擇後，艾倫認為是時候轉型到另一種職位了。

我詢問艾倫，她找工作採用什麼策略，然後發現她唯一的方法就是寄履歷。因為這樣做並沒有任何收穫，她就認為自己資格不夠，在職涯中永遠不會進步了。當我提到人脈網絡時，她的臉色沉了下來。艾倫覺得她沒有多少人脈，認為經營人脈關係好像在迫使別人僱用她。然而，艾倫想到她以前的同事現在是兒童醫院的主管。她也還記得之前在賓州大學社工專案的教授，她對艾倫的研究和寫作技巧評價很高。我建議艾倫找個時間和她談談，就在此時，艾倫說她不知道如何在跟人會面時表現自己。於是我們使用SAVVY公式，一同設計了一個人脈經營劇本，詳細內容如下：

- S 職業和教育背景概述：賓州大學專業臨床社會工作者，擁有超過十五年經驗，為不同背景和年齡層的客戶提供諮詢服務。專業領域：婚姻和家庭、子女教養、飲食失調症、焦慮和憂鬱症、喪親之痛。
- A 成就：指導和訓練來自天普大學（Temple University）、羅格斯大學（Rutgers University）和賓州大學的社工系學生。在二〇一七年全國社會工作協會的年會上，為一百名與會者舉辦了關於悲痛階段的研討會。
- V 價值：擅長管理案例、組織案例評估會議、撰寫報告、社區外展、運用認知行為技巧為客戶提供諮詢、領導能力。
- V 美德：富有同情心、敬業、做事果斷。
- Y 你的興趣：樂意幫助個人成長與改變、準備好擴大領導能力並晉升到行政職位。

艾倫運用 SAVVY 公式，輕鬆的產出一幅精美自畫像，呈現給她的聯絡人看。包括主要的職業重點、使她具備獨特資格的要素、個人化的技能、工作內容之外增值的實際方式，還有關於職涯興趣的指標。下面是艾倫的最終作品：

我在這個領域工作超過十五年，為不同客戶提供婚姻和家庭問題、飲食失調症、焦慮和抑鬱方面的諮詢服務。我有喪親諮詢方面的專業知識，並在最近的美國社工協會的年會上，為一百名與會者主持研討會。我的主管選擇我擔任該組織的主管，並為來自賓州、羅格斯和天普大學社工所的研究生進行培訓。

在我目前的職涯中，我已經準備好擔任責任比較重的管理角色。我想把我的同理心、經驗、管理案例與溝通的能力，全都結合到崗位上。我的動力來自於人們成長和改變的潛力，希望能協助管理心理健康組織、開發高品質的專案和資源。

艾倫和她以前的同事露易絲在兒童醫院見了面，幾個月之後，她得知那裡有個空缺。該職位是個案管理，要監督申請支援服務的兒童和家庭。出於對這個機會的熱情，她和露易絲聯繫，接著露易絲親手把艾倫的履歷交給徵才委員會的主席。

因為露易絲已經很熟悉艾倫的背景和才華，而這些都是艾倫運用SAVVY公式分享給她的，所以露易絲能夠針對她的合適程度，給出有意義、積極正面的評價，來支持艾倫爭取這個職位。於是，艾倫得到了面試機會，當對方要求她提供三份推薦信時，她可以從前教授那裡拿到相當有影響力的推薦。最後，艾倫獲得個案管理經理的職位。這是一個相當吸引人的例子，說明人脈如何能成為強大的盟友。

現在回到你的身上，你可能會覺得沒必要寫一篇完整的SAVVY劇本。然而，你仍然可以**使用這套公式作為大綱，來突顯你的特別之處**，這將引起聯絡人的注意，讓他們對你有更多了解，最終更清楚怎麼幫助你讓職涯更上一層樓。

不要因為他們可能不在你居住的地理區域，就忽視潛在的可靠人脈，限制了你的可能性。這是一個廣闊的世界，如果你擴展視野，就會發現資訊和建議通常也會來自遠方。Skype 或 FaceTime 可以輕鬆的縮小你和聯絡人之間的距離，所以要以開放的心胸安排談話，不要侷限在你自家後院。

內向的人比較喜歡面對面、一對一的流暢交流。缺乏視覺提示，會讓你和陌生人或不熟悉的人講電話時，感到尷尬和不舒服。然而，這可不是你排除遠距離人脈的藉口。提前準備講這通電話，就像你準備面談一樣，這樣可以緩解你的不自在，讓遠距離人脈派上用場。

網路電話會談有顯著的優勢，你可以利用它來為自己取得優勢。**在你拿起電話之前，把所有的道具都擺在面前，去取代你所依賴的視覺提示。你的道具包括** SAVVY 劇本、要問的問題清單，以及你研究這個聯絡人時做的筆記。電話會談的另一個好處是，對於在工作時間太忙而無法交談的聯絡人，你可以很輕易的在晚間或假日安排一個方便的通話時間。

最基本的準備，就是要提前測試你的工具。確保科技將成為你的朋友，而不是惱人的破壞者。把手機充好電，確定你在一個網路訊號良好的地方。再次檢查一下電腦的收音與播放功能，確定你在視訊時的音效沒有問題。如果使用 Skype 或 FaceTime 視訊的時候，你是在家裡的話，那麼請選擇一個光線充足、背景整潔的房間，讓談話品質達到最佳狀態。另外，希望你已經習慣了視訊期間經常會發生的小問題，對話的速度可能會延遲或中斷。當然，你也是談話的一部分，所以儀容舉止都要表現得體。

「〇」人脈都如何著手建立人際關係

身為一個敏銳的觀察者，你很清楚需要培養專業的人脈，才能在當今洶湧的職場浪潮中生存。你可能也會有艾倫的感覺，儘管她找到一份新工作，但她仍然覺得自己可能會因為人脈有限而沉船。請不要絕望，開始尋找**可以成為你人脈網絡的對象**，永遠不會太遲：

一、朋友、鄰居和親戚：你周圍每個人的交友圈，可以讓你和其他專業人士聯繫。看似少數，卻能很快倍增為許多有用的人脈。幾年前，我在一個社區派對上認識一個年輕人，他剛搬到這個街區。他提到自己原本是一位攝影師，但是最近被解僱了，因此正在尋找新的機會。幸運的是，我剛好可以讓他和我的朋友馬克聯絡，馬克是一家大型影片製作公司的製作人。不久之後，我得知我的新鄰居與馬克進行了一次面談，馬克跟他分享一些寶貴的資訊，並提供充分的資源。

二、專業協會：這些協會可以促進成員的產業發展，並且教育大眾。許多國立的協會都有地方分會，能夠贊助演講者，全年舉辦各種活動。它們提供了一種理想的方式，讓你和所屬領域的人建立連結，或者，如果你正在轉型，可以認識新領域。協會的長官和董事會成員的聯絡資訊，通常會發布在協會網站上，所以發電子郵件給協會領導人，會是一種很理想的方式，可以找到一些潛在的人脈。

三、校友：許多大學和學院會尋找願意為學生或畢業生提供職業建議的校友。通常，這些由校方確認過的人員名單，會整合起來，讓人可以在網路上聯繫他們。這些校友來自廣泛的領域，可以提供寶貴的職業建議和支援。因為你們上的是同一所學校，所以你會發現，這是一個運用神經語言程式建立融洽關係的絕佳機會。由於擁有相同的母校，你也能很輕易找到彼此的共通點。你可以聯絡校友或職涯服務處，來使用這個豐富的人際網絡。

四、領英：使用領英，你也可以讓人脈網絡獲得重要的影響力。你的一度聯絡人都會有自己的聯絡人列表（稱為二度聯絡人），你可以直接查看他們的檔案。如果你注意到一個二度聯絡人，你認為他可以提供跟你目標行業或領域相關的資訊，你只要請你的一度聯絡人介紹這個二度聯絡人給你就好了。領英還允許你加入大多數大學和學院建立的校友團體。

認知行為療法，治好退縮怯場

如果你繼續糾結於別人對你的看法，或是你到底給別人留下什麼印象，那麼你可以試著找一個值得信賴的朋友、親戚或同事來進行角色扮演，這麼做可能會讓你更清晰的認識自己。即使是經驗最豐富的演員，也需要調整他們的表演，所以我們認為這種練習可以改善你的人際互動表現。

讓角色扮演的夥伴在另一間房間裡等你，然後你要以一種你們是第一次見面的情境進入房間，互相握手致意並使用本章擬定的劇本介紹自己，用閒聊或提問輕鬆的進入對話。評估對話進行的狀況：就算是假裝的，這一切看起來自然嗎？然後詢問你的夥伴，請他針對你的姿勢和眼神交流給意見，對話感覺起來是否順暢而不生硬。接著，再請你的夥伴把角色扮演延伸到三種不同的情境中。

- 情境一：自我介紹後，讓你的夥伴扮演一個喋喋不休的人。然後你要想辦法在對話中找到一個適合的主題或停頓之處，插入一些關於你自己的內容。例如：「我在與防禦心很重的客戶共事時，也經歷過跟你同樣的困境。」
- 情境二：讓你的夥伴繼續扮演喋喋不休的人，他的嘴巴就是停不下來，對你根本沒什麼興趣。你要禮貌的藉故離開他，然後繼續去找其他人。例如：「很高興認識你。我想在活動結束前，把握機會和其他成員聊聊。」

・情境三：這一次，你的夥伴要扮演一個安靜的人，經常停頓，或是只對你的評論做出簡短的回應。在這種情況下，你有機會運用你熟知的內向力量，來引導這位內向的同伴。你可以試著用這樣的話題邀請他開口：「在你的工作中，你最喜歡哪個部分？」

不要在過程中有壓力，試著讓自己沉浸在其中，並看作是發展談話技巧的愉快方式。

你一定很清楚擔心會帶來不良的結果。想像最壞的情況，讓烏雲遮住你對未來的願景，焦慮立刻就會湧現。想像一場即將來臨的災難，你就是在邀請它進入你的生活。簡而言之，非理性的信念、自我挫敗的想法，以及對自己察覺到的缺點自責，都會引發負面情緒，並理所當然的影響你的行為。雖然你不能準確的預測未來的利弊，但在某種程度上，你可以控制你自己的想法。

認知行為療法是一種經過驗證的可靠技術，它可以幫助你正確看待自己的負面想法，同時促進你應該擁有的正面想法。認知行為療法的基本概念是，我們的思想影響了自己的感受。並不是周遭的外部環境或事件決定我們會有什麼感受，實際上，**是我們對情況或事件的看法在影響我們的感受**。所以，**如果你發現自己在反覆思考即將到來的社交場合，心裡充滿**

了各種擔憂，像是：「如果我說了些蠢話怎麼辦？」或「我很怕沒有人願意和我說話。」那麼**你就可以使用認知行為療法策略來反駁這些想法**。

首先，要與負面情緒正面迎戰，用問題來挑戰你的想法，比如：「我說出蠢話這件事實際發生的可能性有多高？」或「房間裡沒有一個人願意和我說話，這種事情真的有可能嗎？」然後用正向的肯定句來取代負面想法，比如：「我平易近人，又很聰明。」、「大家都很有興趣和我交談。」

這種自我催眠的方法聽起來可能很簡單，但在某種程度上，你就是你的思想。把思緒想像成強大的建築機器，它可以建立或摧毀你的自我形象。雖然陷入自我毀滅很危險，但用正向的眼光看待自己就會很有力量。否認自己的優點、看輕自己的技能，日積月累下來，會成為危險的負面習慣。因此，要像對待所有習慣，重新建構自己的思維。

事先想像那個場景，能消除焦慮緊張

創造性想像是一種有效的認知過程，它利用心理意象來提高自尊和人際溝通。閉上眼睛，你可以想像出比較清晰的畫面和場景，提升和鞏固你自己的形象。**假設你最近有個社交活動或會面**，而那熟悉的焦慮感開始悄悄潛入你的心中。這時**要消除逐漸增長的不安，可以**

嘗試下面這個創造性想像練習（包括一對一和團體的情況），**或是創造你自己的劇本**。想像這些「畫面」在你能感覺到之前就已經展開了，彷彿你現在正親眼看著這些積極的結果一樣，這是一種能對潛意識產生強大影響的體驗。

想像自己滿懷自信的走進房間，一臉的胸有成竹、神色自若。這個房間不是你熟悉的地方，裡面的人你也不認識。你注意到一個人獨自靠牆站著，你走向他，帶著友好的微笑向他伸出手。你明快的做了自我介紹，並以輕鬆的開場白讓氣氛活絡了起來。你很快發現這個談話對象對你的公司很熟悉，而且認識你的一個同事。對話非常自然的流動著，你們更加認識彼此，討論工作和當前產業趨勢的知識。為了表達對有機會認識彼此的興奮之情，你們交換了名片，並同意在不久的將來一起吃頓午餐或喝杯咖啡。

受到鼓舞之下，你繼續走向一小群已經在進行熱絡對話的人。你等待合適的時機，介紹了自己。你流露出真實的興趣，提出相關的問題，並且將已經在討論的話題進一步的延伸下去。你有機會提到工作中遇過的某個問題，並描述你如何解決了它。這個團體中有一個人是專家，他對你解決問題的方法很感興趣，想和你進一步談談你的經歷。你們交換了聯繫方式，然後你又繼續去認識房間裡的其他專業人士。當你感覺到自己的精神能量已經到達極限時，你優雅的藉故離開，而你很清楚自己已經成功了，可以為你不斷增長的人脈網絡再增加一個新的專業聯絡人。

只要採取行動，通常就會產生動力。這並不是說你要為參加社交活動而火力全開，或是要先運動熱身一陣子再去結識新朋友。想想之前的經驗，你讓自己陷在消極的心態中，把所有精力都花在害怕即將到來的家庭聚會或工作活動。但是，等到你抵達現場，開始了一場生動的對話後，你又驚喜的發現，自己和別人相處得多麼愉快。這可能會促使你開始更多對話，放棄早早逃離的打算。關鍵是，你不需要極度興奮或火速投入到社交活動中。你只要進去、開始做，這樣就行了。**預先做一點準備**，想像自己在微風中航行，你會發現自己已經被這件事的本質吸引了。

第六章
征服全然陌生環境：面試演練

談到面試，內向者就像有缺陷，這是個很普遍的迷思，但事實並非如此。在幕後感到舒適，傾向於安靜思考，你展現出的是一種傾聽的能力，這種能力能把人們吸引出來，讓他們自由的表達自己。這些特點在面試中對你有利：你不會用沒完沒了的回答，當時機來臨，你很可能會想出有意義的答案和深刻的問題。

你可能不是一個油嘴滑舌、喜歡大肆招搖宣傳自己的人。你也可能很難完整的回答問題，或者一想到要推銷自己令人欽佩的成就和個人特質，就感到退縮。然而，運用一些預先計劃和建立信心的技巧，你可以輕鬆的把這些不確定性轉化為成功的面試。

當你身在面試的聚光燈下時，感到焦慮是很正常的。在這種社會顯微鏡下被人評價，沒有人能完全泰然自若。畢竟，招聘經理或工作團隊可能會對你豎起大拇指或搖頭，所以對自己是否有能力表現出色而感到緊張，再正常不過了。只要記住，不管他們的決定是什麼，都不會危害到你的生命。讓自己隨著過程流動前進，**用一種自然而迷人的方式講述你的職業**

故事，熱忱的陳述你的成就，讓雇主了解你的工作動機。關鍵是要把你的內向力量，和一點點借來的外向能量平衡起來。

內向者在面試中會因為沒有說足夠的話，或對私人問題感到恐慌而表現不佳。我會分享一些準備面試的訣竅，告訴你如何選出和強調你做過的專案，尤其是可以展示你解決問題的方法和創新想法的例子。接下來，我們將研究一些內向者的真實故事，他們學會使用這裡描述的方法後，在面試中收穫滿滿。

事先知己知彼，面試就不怕措手不及

面試前，你要回顧自己的資歷（讓你變得光彩奪目的經歷和技能亮點），**以及如何在比較私人的層面上描述自己**。在這段時間裡，你也要調查一下這位雇主，如果可能的話，還要調查一下面試官。如果對可能提出的問題類型有點認識，你會準備得更好，所以我也會研究面試官經常提出的三類問題，以及如何善用這些問題來講述你的故事。此外，我還會討論如何預先練習你的面試技巧，真正遇到重要面試時就不會手忙腳亂了。

仔細推算一下。除了那些顯而易見的要求，比如經驗和資格之外，雇主在員工身上尋找的到底是什麼。哈里斯民意調查公司（Harris Poll），對兩千一百三十八名招聘經理和人力資源專業人士進行了一項調查，看看雇主希望應聘者具備哪些技能和特質。調查發現，七七%的人認為軟實力（性格特質、員工與他人的關係和互動方式等）和硬實力同樣重要[16]。這些軟實力包括具備很強的職業道德，能夠在壓力下妥善工作、是有效的溝通者，加上一些特質，像是積極的態度、可靠、自我激勵、以團隊為導向等。其他雇主調查，包括領英在二〇一四年進行的一項調查，得出的結論是，這些軟實力是大家都想要的，但同時強調了文化契合、創新、表達意見和採取主動的重要性[17]。

你不需要變成超人，但你確實需要帶著成就和高品質工作的例子來面試，這些成就和例子將反映出一些凡人就具備的、但令人印象深刻的軟實力和技術天分。

---

16 "Overwhelming Majority of Companies Say Soft Skills Are Just as Important as Hard Skills," Career Builder and Harris Poll, April 10, 2014, www.careerbuilder.com/share/aboutus/pressreleasesdetail.aspx?sd=4%2f10%2f2014&id=pr817&ed=12%2f31%2f2014.

17 "The Soft Skills Employers Want the Most," LinkedIn Survey, August 30, 2016, https://business.linkedin.com/talent-solutions/blog/trends-and-research/2016/most-indemand-soft-skills.

篩選你的歷史紀錄

在你準備面試時，回顧一下過去完成的工作。雇主可能會根據你的履歷和領英個人資料來問一些問題，所以你在上面列出的任何內容都要列入考慮。我們很容易忘記五年前工作的具體細節，但是面試官可能就對這個職位感興趣，所以仔細查看你的履歷。隨著你一面回顧，一面找出最符合職位描述的專案和成就。

下面的問卷，旨在幫助你深入挖掘你經驗的泉源，並集結一些實例來證明你的能力和知識，這些都很可能是面試官感興趣的領域。完成這份問卷的回報是，你快要能回答出史上最困難的問題了：「面試的時候我要說什麼？」

- 在你目前的工作和前一份工作中，你的主要任務和職責是什麼？如果你目前沒有工作，可以用前一份工作的經驗。如果是應屆畢業生，你可以選擇實習和領導活動。
- 你最顯著的工作成就是什麼？你已經從前面幾章得知，成就是必須列入的。列出一些特別要給目標雇主看的成就，但不要漏掉那些突顯軟實力的成就。
- 你在工作中遇到**障礙，你是如何解決的？**並不一定要拿出戲劇性的答案，你可以提的例子包括客戶投訴、影響截止日期的延遲、技術問題，或是重要場合時發言人沒有出現。

- 你加強了哪些技能和能力？你可以從自我評估表或履歷中挑選，但也要考慮雇主可能感興趣的任何其他具體技能。這裡也可以列出各種有助於建立你技能的課程或培訓。
- 從過去的經歷中，你對自己有多少了解？想想你職涯中的關鍵時刻，你對自己有了哪些更深刻的認識（跟工作相關的）。
- 在這個產業和領域中，**讓你最有熱情的是什麼？**尋找這個專業中最吸引你的東西。
- 你對當前的哪些重要趨勢感興趣？找出一些可以在面試中提及的趨勢，展示你對最新技術或創新理念的知識。
- 你在工作和職涯中做過哪些重要的決定？這些例子可以包括你為什麼換工作或職業，或是你如何運用基本決策選擇某個資料庫去收集資訊。
- **你如何應付難搞的人**？想想你在與同事、主管或客戶的互動中，遇到的一些挑戰，以及如何解決難題。如果你最近才剛畢業，你可以用教授或同學為例子。
- 你在小組或團隊中工作的狀況如何？考慮一下你過去的典型角色，比如領導者、促進者、中介者，以及這些角色是如何形成和發展的。
- 你如何處理工作中的逆境？這些是比工作場所的疑難雜症更大的問題。例如士氣問題、組織洗牌或薪水與福利減少等。

讓我們來看看艾倫的例子，一個尋求升上管理職的圖書館員，在回顧了他的工作經歷、技能和教育背景後，怎麼成功處理一個典型的面試問題：

我在卓克索大學（Drexel University）攻讀碩士學位時，開始了我在圖書館學方面的職涯。卓克索大學是圖書館學專業最頂尖的學校之一。畢業後，我在馬里蘭大學商學院圖書館的借閱處工作，在那裡我有機會培訓圖書館實習生，並開始改變圖書借閱程序。我持續參加專業會議，上學校提供的技術課程，不斷擴展自己的專業知識。我相信我的專案管理能力和技術能力，將使我成為借閱總監的有力候選人。

艾倫能夠毫無遲疑，完整的回答出這個問題，就是因為他花了時間仔細回顧自己的背景和成就。心裡面有了大致的概念後，艾倫就像握著手電筒，照亮他的學歷，以及工作中的兩個成功例子（指導實習生和引入必要的工作環境變化），這反映出他的領導能力、取得成果的能力，以及與他人分享知識的意願。此外，他還向未來的雇主展示了他對這個領域的投入，因為有提到專業發展（專業會議和技術課程）。由於艾倫有備而來，檢視自己職涯的關鍵組成部分，所以當他被問到這個傳統的面試問題時，一切都很順利。

面試官（陌生人）鐵定會問你……

既然你已經把自己的經歷分解成幾個層面，那麼現在是時候談談另一個重要的面試話題了：是什麼激勵了你，又是什麼阻礙了你？**面試官肯定會問你一些要看出你到底是什麼樣的人的問題**，尤其是那些吸引人的個人特質。對於內向者來說，往往就是最大的挑戰。這並不是說你不擅長談論自己，而是你傾向於把手中的牌藏在懷裡。

然而，你總不希望潛在雇主用不正確的想法來填補你這塊拼圖。在陷入困境之前，花點時間列出一些例子。抓住你的個人本質，在適當的時候發揮它，將有助於避免結巴。回答這些問題是有好處的，它們通常可以揭示你的軟實力，如職業道德、積極態度、靈活性和動機。在加速時代，這些都是非常受歡迎的技能：

- 用三個以上的形容詞**描述你自己**。從第二章的評估表中挑選，或者列出自然出現在你腦中的詞。
- 你的同事和朋友會如何評價你？請他們提供用來描述你的短語或形容詞。
- 你工作和生活的動力是什麼？**想像那些當你可以掌握全局、隨心所欲的情境**。
- 你如何處理壓力？想想你應對壓力的正面方式，比如做某些運動，或從有積極想法的朋友那裡得到支持。

- 你有什麼特別令你自豪的個人成就嗎？從跑馬拉松、每月讀一本書，到幫助一位年長的親戚、克服個人挑戰等，這些都屬於個人成就。你不需要獲得諾貝爾獎或鐵人三項才能吸引雇主。
- 你的優點是什麼？你可以從先前的工作經驗問卷中，找出一些與技能相關的強項，但也要更加著重於個人特質，如創意思考、平易近人或幽默感。
- **你最大的缺點是什麼？**沒有人喜歡這個問題，因為你不會想和面試官分享任何可能會嚇到他們，或讓你出局的負面特質。你可能有拖延的毛病，但是你應該不會想告訴你未來的雇主。選擇雇主還能接受的缺點，然後把注意力集中在你已經改進或正在改進的地方。避免說這種老掉牙的臺詞：「我是一個完美主義者和工作狂。」請誠實說出你性格中真實的、不會嚇跑面試官的缺點。雇主們並不是在設陷阱讓你跳，他們只是想知道你有意識到自己的弱點，並正在採取措施加以改進。
- **你未來的目標是什麼？**沒有人有水晶球，也沒有人有能力預測現代經濟潮流的變化。但是，試著為你的職涯構想一個願景，以及你希望它在人生道路上如何進一步展開。想想與晉升到更高職位、技能發展的例子。
- 你如何處理衝突？你找的例子可以包括工作專案挑戰或人際衝突。

- **你對一個組織提出過什麼想法？**在這裡，你有機會展示你的創意，並找出一些例子，說明你在哪些方面開創新的想法、設計有效的技術，或者建立精心策劃的計劃。
- 你的業餘愛好或興趣是什麼？一個好的員工，不僅要符合嚴格的工作描述，工作以外的部分也相當重要。例如，面試官有時會問你休閒時間喜歡做什麼，或者討論你最近讀過的書。

安德莉亞是一家大公司的律師，她成功的平衡了自己的內向和公司的外向需求。經過五年成功的法律合約工作，她正在申請內部法律顧問的職位。作為求職策略的一部分，安德莉亞想精進自己的面試技巧。她對回答有關教育和工作經歷的問題很有信心，但對較私人的問題卻感到焦慮，所以我們從她回答的例子著手。安德莉亞將公開演講列為她想要改進的一個領域，這幫助她準備那個可怕的問題：「你的缺點是什麼？」因為她有機會提前思考這個問題，所以也把答案妥善準備好了：

我從來都不擅長公開演講，但在過去幾年裡，我在公司裡主動出擊，透過委員會扮演領導角色，並主持會議，幫助我在向一群人或在法庭演講時感到更自在。最近，我參加由當地的律師協會舉辦的研討會，儘管我在演講前很焦慮，但仍受到觀眾的好評。

安德莉亞並沒有試圖掩飾自己的缺點，而是接受並強調她如何處理自己的弱點，任何人都會覺得這很合理，甚至很令人欽佩。安德莉亞承認，她的挑戰當然不是一夜之間就消失，而是採取行動尋求解決方案，最終得到進步。

會面之前，全方位了解對方

當你正為如何回答眾多問題而煩惱時，不要忽略對目標雇主的全面調查。利用你能夠高度集中注意力的內向長才，找出該組織的本質和目標。你從這些研究中學到的東西，將幫助你闡明為什麼你對這家公司感興趣，以及它為什麼適合你。你的研究將幫助你產生一些可以問面試官的問題，以及證明你可以如何為組織作出貢獻。

將你在公司調查中學到的知識，插入到你的回答裡面，這會讓面試官對你的知識和主動性印象深刻。例如，你可能會被問到一個典型的面試問題：「你為什麼對我們公司感興趣？」下面的回答能有效展現你花了時間仔細研究過這家公司：

我在你們的網站上看到，你們正在擴大人工智慧（ＡＩ）方面的工作，我在研究中發現，《電腦世界》將你們公司列為領域的頂級創新者之一。我想在一家處於人工智慧前端的公司裡，扮演一個不可或缺的角色。憑藉我的技術、創意思考和解決問題的能力，我相信我能幫助貴公司建立一個充滿希望的未來。

在工作環境中，積極主動是一項很受歡迎的特質，而這個答案展現出面試者為了獲得對公司獨特的了解，願意付出許多額外的努力。以下列出你對公司該有的認識：

產品或服務

- 公司提供什麼產品或服務？
- 公司的產品或專長領域有什麼特殊或突出之處？
- 如果公司是非營利組織，其使命或理念是什麼？
- 公司或組織的創新程度如何？

規模和增長

- 這家公司有多少員工？
- 在過去的五年中，公司的規模是擴大還是縮小？

- 這家公司服務多少客戶？
- 公司有多少個據點和部門？
- 公司是否僱用約聘員工，他們占員工總數的百分比是多少？
- 董事會成員有誰？
- 技術會影響公司的未來嗎，是往好的方面還是壞的方面？

競爭

- 公司的競爭對手是誰？
- 公司聲譽如何？

文化

- 組織管理結構為何？
- 組織提供服務或做生意的理念是什麼？
- 如何達到工作與生活的平衡？
- 有多少婦女和少數族群居於領導地位？
- 公司如何使用社群媒體？

財務狀況

- 公司的資金來源是什麼？
- 公司的資產和收益是多少？
- 在過去的幾年裡，利潤是上升還是下降？（對於非營利組織，請在年度報表、當前預算和資金來源中尋找答案。）
- 公司或組織是私有還是公有？

根據產業不同，你可能還想在研究時進一步探索其他主題，但這些已為你提供了一個良好的起點。而且，有些網路資源可以幫助你回答這些問題。準備的力量能夠支持你的自信，讓你抱著各種資訊進去面試。如果你找不到某些問題的答案，你或許可以在面試時提出發人省思的問題。面試官會欣賞這樣的提問，甚至可能會激發一場充滿活力的對話：

- 公司網站：想認識公司文化，最好的方法就是瀏覽公司網站。網站的設計和呈現是否吸引人？介面功能是否容易使用？是否有明確說明組織的服務、有明確解釋產品的性質？在你研究網站的過程中，最重要的應該是實際面的考量，比如公司的財務狀況，以及公司如何在競爭中立於不敗之地。感受一下服務和產品的行銷力度。查看網站是否有刊登高階團隊成員列表和個人檔案，先認識一下這些公司重要人士。

- 部落格：閱讀公司部落格是感受他們精神和個性的好方法。如果一個組織的網站有包含部落格，就看一下它的主題，是否能看出該公司掌握了最新趨勢的脈搏。
- 公司評論：Glassdoor.com 是一個職業網站，提供免費的匿名員工評論，評論可以讓人更深入的了解公司。如果你是應屆畢業生，Vault.com是個絕佳資源，描述公司特色和財務狀況。除了提供員工評論外，這些網站還提供關於組織規模、工資和福利的資訊，收集最新的消息貼文、影片和照片。
- 社群媒體：看看該公司是否使用社群媒體網站，向大眾說明他們的產品或服務。他們是否持續與及時的張貼新消息？內容是否吸引大量的追蹤者？一家公司在這些方面投入精力的程度，可以證明它對行銷活動的重視程度。
- Google：Google可以顯示出公司的健康狀況和本質。你可以查到許多新聞，包括獲得產業獎項的員工、公司是領域領導者的認可、媒體最近的關注、新聞或行業出版品的報導。當然也有可能發現與法律或道德問題相關的公司缺陷或陷阱。無論你發現什麼，資訊就是王道，而且如果你好的和壞的都知道，會覺得更能控制局面。
- 內部人士：從很多方面來說，真正能支援你研究的，是「你認識誰」。如果你認識公司內部的某個人，就找他們聊一聊在這間公司的經驗，即時得知公司內部的運作情況，感受一下員工的士氣和待遇。要了解一家公司的非正式運作、優缺點，以及工作與生活平衡的方法，沒有什麼資訊來源能比親身經歷過日常工作的人更好了。如果這個內部人員，碰巧和你同一個上司，那麼他還能給你一個機會去了解上司的期望，看看你能從他們那裡得到什麼樣的指引與教導。你也可以得知這種監督風格和你的工作風格是否相配。在你準備面試的時候，就有機會預先了解管理者的風格和個性，然後確定他們對員工的期望。

一旦你被安排參加面試，人力資源或招聘經理通常會告知面試官的名字。有一種情況是，你會與直屬主管進行一次面試。然而，現在面試的趨勢是，會有一名人力資源員工、一名主管、二至三個其他員工，甚至是整個團隊的集體面試。想要**知道你的面試官到底是什麼樣的人**，你可以使用前面提過的許多資源，像是查看領英上的個人簡介搜尋這些員工中是否有人曾被媒體提及，或是看推特，看看他們是否發表過文章或有趣的推文。

你也可能會發現，你和一個或多個面試官有共同之處。也許畢業於同一所大學，或同屬某個專業協會的會員。隨著面試的展開，尋找機會展示你對這家公司的興趣，以及你為了認識這家公司所採取的主動作為。

在你完成職業歷史回顧和雇主調查後，就可以把注意力轉向問與答的環節。記住，你是在競爭，就像在任何比賽活動中一樣，你需要熱身、練習，並且在心理和生理方面都做好準備，以確保你有最大的機會衝過終點線，並贏得金牌（在這種情況下，就是贏得工作）。

準備的一種形式，是**把問題的答案寫成故事的形式**。這種格式應該把你定位為一個專業而有能力的主角，但同時又非常可愛和平易近人。你的故事必須吸引面試官的注意力，讓他們融入其中。因此，你需要在故事中填滿有意義的細節和成就，讓面試官覺得有意義又有吸引力。

三大類面試問題：套用公式，給精采答案

不要試圖精準的猜出你可能會被問到的問題。相反的，你可以熟悉三大類別，然後學習回答這些問題的技術。這可以幫助你在面試過程中感覺準備充分與充滿自信，讓你的職涯故事繼續發展下去。

一、職業背景和歷史問題

與你的工作經歷、職業目標，和教育背景相關的問題，通常都是能回答得最直接、最流利的，這些問題也是最容易準備的。例如：

- 你為什麼想要這份工作？
- 你從過去的工作中學到了什麼？
- 我們為什麼要僱用你？
- 你為什麼選擇就讀法學院？

雖然這些問題通常是最令人期待的，但在競爭激烈的面試場合中，如果你遺漏了面試官最想知道的資訊，你就會失去分數。為了幫助客戶寫出這些問題的完整答案，我發明了一個SMART公式：

- S（Situation）情境：陳述對方正面臨的情境。
- M（Motivation）動機：你回答這個問題的目標——你有能力替對方提供解決方案。
- A（Action）行動：你做了什麼促使事情發生。
- R（Results）結果：結果是什麼。
- T（Transformation）轉變：什麼樣的技能或知識幫助你做出改變或結果。

愛德華多是一位內向的 IT 資深經理，他來找我是因為他參與的面試都沒有帶來任何好消息，但他不知道為什麼。他相信自己能夠回答出面試官給他的任何問題，但面試結束時，他仍然帶著強烈的懷疑，認為面試官並沒有真正理解他在工作中的許多方面都表現很出色。在一次模擬面試中，我問愛德華多：「我為什麼要僱用你？」他的回答是：

我很擅長解決問題，我在 IT 和流程解決方案方面，都有豐富的經驗。此外，我還領導與管理過團隊。在我的職涯中，我承接過許多具有挑戰性的專案，並成功的讓系統在組織中發揮更高的效能。

雖然這個答案並不糟糕，但沒有**具體例子能證明愛德華多擅長解決問題**或提高流程效率。在我們的討論中，很明顯，愛德華多並沒有提到一些令人印象深刻的成就、令人欽佩的技能，以及他對產業的洞察力。使用 SMART，我們分解了他的職業成就的組成部分，這樣愛德華多就可以擴展他的答案，用實際細節來說明他能提供什麼價值。

- S 情境：流程解決方案。
- M 動機：展現過去在工作中的問題解決能力，並與雇主需求作連結。

- A 行動：開發模組以縮短週期時間、管理二十人的團隊。
- R 結果：改進變更控制流程，使週期每年減少九千多個小時。此模組被公司採用。
- T 轉變：技術專長、解決問題的能力和領導能力創造了改變。

以下是愛德華多使用 SMART 後的改進答案：

我有這個職位所需要的資格和經驗，但還不只這些。你提到貴公司發現在科技快速變化的環境中，要保持在產業領先地位，是很有挑戰性的。在我的上一份工作中，我帶領了一個二十人的團隊，開發並實際應用了一個改善變更控制流程的模組，使得每年的循環週期時間減少九千多個小時，而這個模組便被全公司採用。憑藉我在解決問題和實施流程解決方案方面的技能，我可以幫助貴公司保持領先地位。

愛德華多從職位描述中得到一些想法，他仔細閱讀了公司在科技方面面臨的主要挑戰，並將此作為他回答這個問題的動機之一。他進一步展示了專業方面的成功和技能，強調具體成就，並展示他的知識和技能如何實現公司轉變。

二、如何處理行為或情境問題

這些就是那種會讓人神經緊張的問題。面試官通常會以「告訴我過去的……」或「給我一個例子……」，**要你回憶過去的衝突或挑戰**，面試官的目的當然不是要害你氣餒失常。**看你描述解決某個危險情況時採取的步驟**，能讓面試官感覺到你的沉著冷靜，以及你將來可能會帶到工作中的深思熟慮。這類型的例子可能包括：

- 你能告訴我們一個你失敗的經歷嗎？
- 你能舉例說明你在工作中富有創意嗎？它有什麼令人振奮或具挑戰性的地方？
- 你能舉一個你和同事發生衝突的例子嗎？

如果你對這類問題沒有回答的準備，你可能會愣住，但是回答這些問題也是有個技巧的。STAR方法就是這樣的系統，幫助你以一種有組織、經過考量、又放鬆的方式，來回答這類問題。

- S（Situation）情境：情境的背景資訊。
- T（Task）任務：你的職責。

- A（Action）行動：為了實現目標，你實際上做了什麼。
- R（Results）結果：你是解決了一個問題，還是創造了一些創新的東西？

莉雅是一名成功的活動策劃人，她準備尋找新的機會，但她不確定如何從自己的經驗中汲取哪些內容，並以產生正面影響的方式陳述這些事情。當她表達出自己對回答行為問題特別擔心時，我向她介紹了STAR方法。

莉雅在一家活動企劃公司上班，這種工作充滿了遭遇大小災難的機會，所以我請莉雅挑出一些問題的情境。她提供了一個例子，有一次她解決了一個問題，並得到成功的結果，顯示出令人欽佩的個人和專業特質，同時證明了她可以從磨難的經驗中學習和成長。

在這個例子中，她的老闆讓她負責在南卡羅來納州舉行的一個重要專業研討會，這是她第一次承擔這種程度的職責。在研討會開幕當天，她遇到第一個重大障礙是，她接到了來自該組織研討會主席的電話，對方的情緒非常激動，因為投影片放映機故障，而主講人已經要開始演講了。下面是我們從莉雅的經驗中擷取出來的，使用STAR方法幫助她陳述問題，並規劃出一個有說服力的答案，應對典型的行為問題：「你能舉個例子說明你如何處理工作中的困難情況嗎？」

- S 情境：第一次負責監督大型研討會的重要活動。當時，研討會主席打電話來說投影片放映機壞了，而主題演講在十五分鐘後就要開始。
- T 任務：完成合約要求，滿足客戶需求，確保主題演講按時開始。
- A 行動：保持冷靜，安撫客戶（研討會主席），迅速找到影音組的工作人員。
- R 結果：影音組很快回應，在主題演講前三分鐘修好。主席稱讚莉雅在危急時刻的專業態度，而莉雅從這次經歷中記取了教訓，下一次，她會提前檢查，確保影音設備已設置好並正常運作。

下面是莉雅用 STAR 方法調整過後的答案：

我期待在南卡羅來納州的萬豪酒店，為公司主持我的第一個大型活動。我在會議前一天晚上到達時，一切似乎都已就緒。活動當天上午，我接到研討會主席打來的電話，她在電話裡非常憤怒的大聲咆哮，我幾乎聽不懂她在說什麼。我告訴她，我理解她有多生氣，但我需要她冷靜下來，這樣我才能理解問題出在哪裡。她解釋說，投影片放映機故障了，但會議的開場主題演講預計在十五分鐘後就要開始。

我向她保證我會立即處理這個情況。我打給影音組工作人員，同時趕到飯店的服務臺，確保所有級別的人都知道這個問題。兩名影音組工作人員在五分鐘內趕到會議室，並在演講前三分鐘及時修好放映機。研討會主席稱讚我以專業的方式解決了這個問題。我相信我冷靜的態度，加上我的溝通能力和解決問題的能力，促成了一個愉快的結局。有過這樣的經驗後，我都會先確認影音設備在活動開始前一小時，就已經安裝好而且運作正常。

STAR 提供了一種有組織的方式，讓莉雅能夠以一種容易被面試官接受的方式，來講述她的經驗。此外，莉雅對危機場景的描述，展現出她值得被稱讚的技能和個人特質，包括堅持、機智、沉著。另外，她從這次經歷中學到的東西，使得未來的類似場景能夠運作得更加順暢。

三、觀點問題

觀點問題旨在讓你揭示更多的內心層面，幫助雇主了解你是誰。他們通常會要求你表達觀點或傳達你的理念。這類型的例子包括：

- 你在學校學到最重要的東西是什麼？
- 你認為這個產業面臨的主要挑戰是什麼？

• 是什麼讓一個人成為好的領導者？

回答這種觀點問題沒有特定的公式，而是要把你的回答想像成在寫一篇簡短的社論。在準備的過程中，思考你在領域或產業工作時的觀察。問問自己，哪種管理風格能讓你發揮出最好的水準，並準備表達出來，你可能會想起曾對你的職涯產生重大影響的事件。開始著手準備這些問題，重溫一下你對工作動力的記憶。事實上，許多內向者在這些問題上表現得很好，因為這種問題需要更多往內在探詢的、深思熟慮過的回答。

以下就是精心規劃過答案，針對這個典型觀點問題：「**在你的職涯中，誰對你的影響最大，又是如何影響你的？**」

我很幸運有機會與一位備受尊敬的主管共事。她看到了我的潛力，鼓勵我說出自己的想法，創造新的專案，總是認可我的成就，並向部門主管表揚我。她對我能力的信心激勵我多方嘗試，比如在大型部門會議上表達自己的觀點、與其他部門合作進行專案開發。在她的指導和支持下，我打造了一個創新專案，現在仍然存在，並由一家大型企業資助。雖然我幾年前離開了公司，但她仍然是我職涯中重要的導師。

這樣的回答符合了許多層次的要求，它讓面試官深入了解這位應徵者對於良好領導者的技能（高期望、指導、打造團隊）和個人特質（引導、尊重、支持）的理念，同時說明這種領導風格如何幫助應徵者在專業方面的成長（承擔新風險和打造創新專案）。

既然你已經盤點過你的職業經歷、教育背景和動機，我們就直接彩排一下。在這個重要的時刻裡，準備面試的一個關鍵因素，就是把各種問題混合在一起，然後練習回答。你不需要寫下完整的回答，或準確的記住你要說的話。相對的，當你在講述關於你的成就和經歷，那些豐富而完整的故事時，試著用要點來思考，確定要涵蓋的主要觀點，以及你想提供的實例說明。

這裡有一份面試問題清單供你練習用，你也可以到LiveCareer，它提供了更廣泛的面試問題列表，包括你可能在特定職業領域被問到的特定問題，以及樣本答案。然而，一定要避免採用別人的答案來回答問題。雖然從別人回答問題的方式中學習會很有幫助，但還是要信任自己，用真實的聲音來表達你的個人經歷。

本章已經介紹了一系列典型的面試問題，下面列出的例子則是設計來展示你的技能。這些問題和指示，特別點出了當今雇主所要求的許多特質和技能。

一般

- 請帶我們簡單的看過你的履歷。
- 描述一份對你職業目標影響最大的工作或任務。
- 你的哪些技能特別與這個職位相關？
- 你從以前的經歷中學到了什麼？
- 你認為你的哪些條件能使你在這份工作中獲得成功？
- 什麼樣的專案或責任最能激勵你？
- 請談談你的領導經驗。
- 請告訴我一篇你讀過的有趣文章。
- 有什麼沒有列在履歷上，但你想讓我知道的事情嗎？

行為

- 描述一個你展現主動性的經驗。
- 說一個你展現創意思考的例子。
- 請說出你為自己設定的一個重要目標，以及你為實現這個目標採取了哪些步驟。
- 給我一個你不得不冒險的例子。

- 請舉一個你為了完成一個專案或任務，而付出額外努力的例子。
- 描述一下你做過的某個困難決定，以及你的思考過程。
- 描述一個你和上司或同事之間發生衝突的例子，以及你如何解決的。
- 告訴我最近的一個團隊工作或小組專案。

關於組織

- 關於我們的公司，你可以告訴我們什麼？
- 你在瀏覽我們的網站時，有什麼特別的印象？
- 你認為我們的組織結構如何？
- 你用什麼標準來評估你希望進去工作的公司？

陌生會面前，需要一些行前練習

一、用角色扮演來試試看

即使內向，每當我帶著一種成功的感覺走出面試會場時，我也常常感到驚訝。在成長的過程中，我參加過社區和學校的戲劇演出。成年之後，我發現藉由其他角色來表述自己的經歷，對面試很有幫助。它讓我在這個場合就像在劇場演出，呈現出自信的專業人士形象，當然，這本來就一直是我不可或缺的一部分。

要準備面試和在面試中表現出色，表演課並不是個必要因素，但是當你練習回答問題時，想像自己是一個成功的專業人士。**即使你覺得自己是裝出來的，也要把你保守的自我留在門外，練習以自信的姿態進入房間**。

在你自己練習問題的同時，**找一個值得信賴的朋友或同事來幫忙你進行角色扮演**，做一次模擬面試。由另一個人來提出這些問題，會讓你有臨場感。練習完後，回顧你的答案，請對方給予誠實客觀的回饋。如果你虛心接受的話，在你去參加真正的面試時，這些客觀回饋是非常寶貴的。

二、善用科技產品

善用我們日常生活中使用的科技產品，可以幫助你練習。有些東西乍看可能讓人迷惑不解，但我們身邊的小玩意正是絕佳的工具，尤其是對於內向者來說，因為他們在有時間深呼吸、自己細心使用它們時，就能表現得最好。

當你學習使用科技產品來練習問題時，你可以反覆試驗，來提高你的技能。記住，除了你自己之外，沒有人在評估你。最後，當你變得越來越放鬆時，邀請一位精明的朋友或同事來傾聽和觀察你的面試技巧，並讓對方提出有建設性的評論。

當你用手機或電腦回答問題時，先**錄下你回答問題的聲音**。注意你的聲調，是能吸引人聆聽還是過於急躁？回答的內容是否與問題相關？你傳達內容的方式是簡潔還是零亂？整體來說，你聽起來有信心又有說服力，還是猶豫不決又不確定？

只要你用評判的眼光來審視自己，但不要過於批判，**影片就能真實無誤的反映出你的面試技巧**。更好的辦法是，找個朋友或同事來發問，並且幫你錄製影片。

在這個自我評判的過程中，誠實面對自己的缺點是很重要的，但不要到摧毀自信的地步。你也要花同樣多的時間讚賞自己看到的優點，欣賞自己回答問題的傑出方式。

三、評估你的非語言溝通

加州大學洛杉磯分校的名譽教授阿爾伯特・梅赫拉比安（Albert Mehrabian），進行過一項著名的研究，發現有九三％的人際溝通是非言語的，其中五五％與視覺相關（肢體語言和眼神交流），三八％與聲音相關（聲音的頻率、速度、音量、語調）[18]。只有七％的溝通

18 Patty Mulder. "Communication Model by Albert Mehrabian," ToolsHero, 2012, www.toolshero.com/communication-skills/communication-model-mehrabian/.

是與語言有關的。這些百分比似乎不太現實，但有許多研究都強調非語言形式的溝通，才是占據主導地位的。

你在面試中的舉止非常重要。無論是你藉由影片觀察自己，或從朋友或同事那裡得到意見回饋，除了內容之外，也應該評估你的非語言溝通方式。

你的**姿勢是挺直的**，反映出你的自信，還是癱坐在椅子上？你的**目光是否恰當的聚焦**在面試官身上，表現出有興趣而不挑釁的感覺？還是你的目光在避免正面接觸？你說話會不會太快？你在回答之前會猶豫，而導致尷尬的停頓嗎？你的手在做什麼？你的手勢是自然的還是讓人分心的？肢體語言、說話的速度和語調，對於你是否能說服雇主你就是最佳人選，都會有影響。

這種**模擬影片面試**是一種很有價值的學習工具，可以幫你開闢一條通往新機會的道路。瑪雅是服裝品牌的創辦人，她一直在尋找一種新的方式，能在傳統工作場所內運用自己的技能和經驗，但模擬面試顯示出，她深受內向者罩門的折磨：把自己的牌牢牢抓在胸前，而未能展示自己的才華和成就。除了語言內容（或缺乏語言內容）外，影片可以看出會令人分心的非語言溝通，這些溝通方式分散了面試官的注意力，而無法專注於判斷瑪雅是否為理想的候選人。

瑪雅應徵的是一家運動服裝公司的行銷職位，所以我提出了這個問題：「你的創業經驗要如何成為公司資產？」注意她最初的反應：

在建立我成功服裝生產線的過程中，除了監督財務和營運外，我還必須非常理解市場研究和策略。我了解產品行銷中不可或缺的所有要素。我也熟悉服裝的製作方式、合身的重要性，以及當前的時尚趨勢。

我們兩人都注意到，瑪雅幾乎每次回答都以自我懷疑、不確定的「嗯——（拉長音）」開頭。打從一開始，她就在削弱自己的力量，把能量從她即將給出的答案中抽掉。瑪雅還發現，她實際上是交叉著手臂，藉此擁抱著自己，同時緊緊的抓住手肘來支持自己。我們一致認為，這會散發出一種緊張和不安全感的封閉訊號。因此，根據瑪雅的非語言溝通方式，她無法給人自信滿滿的印象。

我們能夠拿出一些實例，證實瑪雅的行銷成就，這將讓人更加全面的認識她的技能和知識，證明她將如何成為運動服裝公司的資產。我們還使用 SMART 製作了一個更完整的答案。她練習在回答之前先沉默幾秒鐘，避免說出「嗯——（拉長音）」。我們還解決了她的肢體語言問題，不知道自己的手該擺在哪，確實是一個問題，所以我讓她**輕鬆的把雙手**

放在膝蓋上或旁邊。有了這些充分的準備後，瑪雅能夠擴充她的答案，顯示出她的知識深度、經驗：

> 隨著我事業的發展，我掌握了管理公司各種主要職能的知識和技能，包括行銷、銷售、財務和營運。我發現自己最擅長行銷，從透過市場調查找到理想的客戶，到策劃成功的行銷活動。我設計並執行了一個社群媒體行銷活動，在一年之內，將銷售額提高了五〇%。釘圖這個平臺最強的就是圖片展示能力，因此用它來行銷我的服裝系列，效果特別好。銷售業績則成為我擴展業務所需的資金。
>
> 你提到你們正在設計一個新的泳裝系列。我了解產品行銷中不可或缺的所有要素。我也熟悉服裝的製作方式、合身的重要性，以及當前的時尚趨勢。我知道你們在推出新產品時面臨的挑戰，而我有自信，以我的經驗，以及我分析和創意思考的能力，將有助於這次新品的成功。

這一次，瑪雅以更堅定的信念回答這個問題，並成功結合一種非語言訊息的力量。瑪雅實現了她想要的職涯轉變，被一家著名設計師服裝公司聘為行銷總監。

克服恐懼的呼吸法與姿勢

當然，害怕是面試或演講時的正常反應。當你感到恐懼或焦慮時，大腦會分泌腎上腺素和其他化學物質，幫助你對抗或避免這種情況。這通常會引起各式各樣的**身體症狀，如顫抖或反胃**。然而，在大多數情況下，對身體不會造成什麼威脅。注意你身體發出的恐懼信號，你就會有時間去處理它們。當你學會更能控制恐懼時，就會發現它也可以成為你的朋友。釋放出來的化學物質可以幫你的身體急速充電，給你更多能量。下面這些技巧可以幫助你控制恐懼和焦慮，這樣你就可以以一種更放鬆的方式進行面試：

一、運動：大多數人在運動時會感受到一種幸福感，這是由於大腦底部的腦下垂體釋放出化學物質，尤其是腦內啡，腦內啡能讓你感到興奮和滿足。如果你喜歡低強度的運動，比如散步，那麼在面試的前一天晚上或早上，找時間做做運動可以幫助你放鬆緊張的情緒，讓你的大腦和精神保持集中。

二、靜心冥想：臨床研究證明，深呼吸和靜心對身心健康都有好處。靜心可以幫助你在面試中**保持冷靜和警覺**。

四七八呼吸練習是一個簡單而快速的四步驟練習，可以在任何地方進行。如果你在面試前一天晚上感到緊張不安，或在面試場地外等候時心跳加速，那麼就做一下四七八呼吸練習吧。用鼻子輕輕吸氣，慢慢數到四，然後，遵循以下步驟：

1. 屏住呼吸，數到七。
2. 在數到八的過程中，用嘴把氣完全吐出去。
3. 再重複這個循環三次，總共四次呼吸。

三、創造性想像：我們在第五章介紹過創造性想像。這個簡單而有效的技術，是運用創造正向強化的畫面，來獲得成功的結果。這裡提供一個想像劇本，你或朋友可以錄下來，在面試前連續播放幾天。

閉上眼睛深呼吸。想像你走進面試房間，抬頭挺胸，向面試官打招呼並坐下。你保持警覺的姿勢，當面試官介紹公司和職位時，你跟他們保持眼神接觸，認真傾聽。面試官提出了第一個問題：「請你多說明一些自己的經歷。」你停頓了一下，避免出現任何緊張的空檔，然後用一種冷靜慎重的態度、簡潔但完整的回答出來，包括了重要的事實，並自豪的總結你的成就。當面試官提出一個棘手的行為問題時，你仍毫不猶豫的回答了。你和面試官以自然的韻律和節奏向前邁進，就像跳舞一樣。

當問答環節結束時，面試官邀請你提出問題。你說的話給面試官留下了很好的印象，因為你的評論和問題都與公司生態息息相關，也展示出你做足了組織研究。面試官最後會表明，他對你很感興趣，並清楚的讓你知道什麼時候會做出最終決定。你優雅的離開，因為你知道，無論結果如何，你已經盡了自己最大的努力。

你自然沒有能力讓結果屈服於你的意志，但是無意識其實是個強大的實體，當你與它和諧交流時，你的想像就會以令人驚訝與正向的方式展現出來。

四、有力的姿勢：心理學家、哈佛商學院教授、《姿勢決定你是誰》（*Presence*）一書的作者艾美・柯蒂（Amy Cuddy），對肢體語言如何影響思想有深入的研究。簡單的說，我們表現出什麼身體姿態，就是自我形象的反映。柯蒂建議，在面試之前**擺出「表演者」的姿勢**，**也就是舉起雙手，擺出勝利的 V 字型**，然後保持這個姿勢兩分鐘。你可以在公司大樓的洗手間裡做，也可以去面試之前在家裡做[19]。

---

19 Amy Cuddy. *Presence: Bringing Your Boldest Self to Your Biggest Challenges*. New York: Little, Brown and Company, 2015.

這些技巧是設計來讓你放鬆，並集中於正向的能量。選擇對你來說最有效的方法，要明白這樣做的目的是在強化你的思想和精神，這樣你就能在人生的重要時刻表現到最好。

電話與視訊面談要領

現在，許多公司和組織都安排人力資源人員進行篩選面試。在較小的組織和企業中，這會由員工、主管，甚至是執行長來進行。通常會以講電話的形式，而也有某些情況，會是長約三十分鐘的視訊面試，問題集中在工作經驗和資歷上。這樣做的目的是評估你在電話（或視訊，視情況而定）上給人的印象，從而決定你是否有足夠的實力來參加面談。

一、電話篩選面試：電話面試通常不是內向者最喜歡的場景，他們比較喜歡面對面的交流，可以直接觀察非語言的暗示。然而，不管你怎麼想，**電話面試實際上是對內向者有利的**。記住，你所有的研究資料和重要資訊就擺在眼前，等待正確的時刻派上用場。電話面試的黃金法則：跟著你的筆記走，而不是你的恐懼。

如果你在電話上沒有給對方留下好印象，你就無法通過並獲得獎勵。所以，要想獲得成功，準備好這些**基本的電話面試技巧**吧：

- 盡可能使用室內電話，以確保最佳的接收效果。
- 找一個安靜的房間，確保吵鬧的寵物、家人不會打擾你。
- 把筆、紙、行事曆和一杯水放在旁邊。
- 拿出工作描述和你的履歷。
- 準備好一份相關專案和成就的清單，寫下你想要表達的任何重點。
- 準備一份簡短的問題清單，展示你對公司和工作的了解。

關鍵的第一輪面試，是引起面試官興趣的機會。使用以下技巧，可以幫助你吸引面試官，讓他們更想了解你：

- 考慮在**講電話的時候站著**，這能給你一種有力量的感覺，也能輔助聲音的投射。
- 當面試官在講述一些內容時，自然的插入一些短語，像是「我理解」、「真有意思」，或「太令人興奮了！」這種反思式的傾聽，可以顯示你全身心的投入其中。這種方法對內向者有所幫助，因為有些人如果保持沉默的時間太久，他們就會不知所措。
- 為了避免東拉西扯，每個問題回答時間限制在三分鐘以內。

- 使用同步技巧來提出你曾執行過的專案和其他與工作相關的例子，以表明你的經驗符合面試官提到的公司需求。
- 在自然流動的對話中，帶著熱情去談論你的工作成就和技能。有些緊張是正常的，一開始可能會導致簡短的回答，但是絕對不可以只回答「是」或「不是」。
- 面試結束時，簡單說一句：「謝謝你今天給我這個機會和你談話。」然後再寫一封同樣簡單的感謝信。

二、視訊篩選面試：一些招聘專家現在使用單向視訊面試來進行篩選。對公司的好處是，這種類型的面試是完全自動化的，根本不需要面試官在場。**公司會透過網路視頻向你提出問題，並錄下你的答案**。這種方式的奇特之處在於，**沒有人來回答你的問題，所以不會有機會來回的對話**，這種情境似乎有點彆扭，然而之後會由人資或招聘經理**審查你的影片，然後決定是否要請你去面試**。

這種面試方式可能會讓你感到不安，因為你沒有聽眾。但是就以準備電話面試類似的方式去準備，在面試過程中，記得在回答問題之間，做一次溫和的呼吸，保持適當的節奏，讓焦慮不會貼近你。

當面面談——將你的內向變成強項

如果你不帶著自信和積極的態度去面試，那麼世上所有的練習和準備都不會帶來成功，而你會發現這種態度對你很有用。我們已經討論過處理恐懼的策略，所以丟掉所有包袱（除了你的面試工具包），保持著樂觀的心態。

你可能是個內向者，但你不是一隻躲在殼裡的烏龜。現在是時候站起來，讓雇主看看你到底是誰。即使你覺得災難即將來臨，也總是有辦法解決的。我們將研究內向者面臨的一些常見情況，以及如何解決它們。

另外，要知道你的內向性格在面試中也是一種優勢，所以不要忙著找拐杖來支撐自己。**利用你敏銳的傾聽技巧**，對問題做出深思熟慮的回答，從而在面試中提高內向者的素質。**你很善於從面試官那裡捕捉到臉部表情和肢體語言等細微之處**，所以要利用這些非語言線索，來觀察他們對你回答的看法（也就是說，你的回答是否足以符合他們的期望）。內向也是一個加分項，因為**你在回答問題的時候**，**通常不會東拉西扯或偏離方向**，這是面試官非常欣賞的特質。即使你的演講風格並不華麗和活力四射，你的創造力、深思熟慮和觀察力也能給雇主留下深刻的印象。

你性格中這些正向的方面，再加上你無論獨立或合作都能做得很好的能力，這些都是當今職場中令人垂涎的技能和個人特質。所以，擁抱你的天性，讓你的天性在面試中閃耀。

面試的結構和風格可能有所不同，有些面試官會帶著一份問題清單，面對每一個應徵者都問同樣的問題，而有些面試官則比較喜歡用開放和對話的方式。即使經過了練習和準備，在面試中也總會有意想不到的事情發生。然而，「意想不到」並不一定等於「災難」。無論河流如何蜿蜒曲折，你仍然可以平靜的漂浮在水面上，輕輕的隨它漂流。看看下面的情境，並注意如何避免面試時產生大災難：

- 說話太快了？維持步調和節奏：即使內向者傾向於先思考後說話，但當你陷入一個有挑戰性的情境時，你還是可能會說話太快。**留心你緊張的早期徵兆**，比如說你開始結結巴巴，然後又透過加快談話的節奏，過度彌補這個狀況。**一旦這狀況開始了，就深呼吸，放慢你的步調**。不要讓停頓加重你的焦慮，也不要讓自己忍不住想快點插話，但說的只是沒意義的內容。停頓是音樂的正常成分，也是說話的自然過程。對話的間歇等於提供了一個建設性的空間，來處理已經交換的內容，並重新聚焦於主題。
- 對問題感到困惑？稍微拖延時間：在面試當中，如果你真的不知道問題的答案，不要失去冷靜。**當面試官的問題聽起來像某種難以理解的外星話時**，用你的肢體語言和語言反應來顯示你很鎮靜。如果你認為額外的時間會有幫助，你可以嘗試請面試官把這個問題說明清楚一點，藉此爭取一點時間。面試官可能會建議你回答的方向，或是請你考慮某個情況。在這個過程中，你獲得一些時間來整理你的思緒，組成一個令人信服的答案。

- 困住了？誠實以對：有時候，你可能會遇到一個完全出乎意料的問題。如果你完全被這個問題困住了，可以回答：「這是個有趣的問題，但是坦白說，我現在沒辦法給出一個公正的回答。」**任何面試官都能感覺到你的答案是否為胡亂湊數的**，若你企圖掩蓋知識上的差距，只會讓自己更難堪，而**坦率或許能讓你贏得尊重**。當然，你不會想在面試中不只一次的這樣做，但是如果一般的問答進行得很順利，一次失敗是不會致命的。
- 面對一個有壓力的問題？重要的是你如何處理：**有些面試官會問一些感覺相當棘手的問題，甚至會質疑你的答案**。我曾經去面試一個大學職位，環節中包括與三位院長共進午餐。從我坐下的那一刻起，我就受到了他們的考驗，關於高等教育中職業發展價值的問題。**我沒有讓它變成一次可怕的經歷，而是逐漸放鬆下來，把它當作一場辯論**。我太過投入在討論當中，以致於午飯都沒吃完，但我還是得到了那份工作。

那些聽起來彷彿就是要讓你**難堪的問題，其實並不是為了引出正確或錯誤的回答。比你的答案更重要的，是你回答問題的方式**。你正在接受考驗，看你在有壓力的狀況下，是能優雅而清晰的處理，還是變得慌亂不堪。

其他的面試形式

面試不僅有不同的結構和風格，也有不同的形式。要知道面試並不侷限於簡短而緊張的問答環節，它還可以安排在午餐時間、一整天的活動，甚至是即時視訊。每一種都有不同挑戰性，所以你要為眼前的情況做好準備。

一、全天面試：馬拉松式的全天面試，所需要的耐性和腦力，對任何人來說都是一大挑戰，尤其是對於習慣在社交活動後獨自消化和反思的內向者來說。你可以想辦法管理好自己，讓自己在聚光燈下充滿活力，維持一段短暫的時間，但是連續四到六個小時的「開機」，會耗盡內向者的精力。如果你覺得自己萎靡不振，有策略的找一段時間來充電。在你撐過了大約兩小時的面試之後，要去見下一個面試官之前，就說你要先**去一下洗手間**。**利用這段短暫的休息時間讓大腦停止旋轉**，恢復一點精神。做一些深度呼吸，不要忘記擺出勝利的姿勢（或使用任何有助於恢復精力的儀式）。

二、午餐面試：**如果午餐是面試的一部分，那就提前準備一些簡短的對話主題**。在這種情況下，你無法將注意力從自己身上移開。雖然你提問是完全可以接受的，但是記住，這次社交活動的主要目的，是讓面試官了解你的個人情況。除了與工作相關的對話外，這也是一個好機會，可以談論給你工作之外滿足感的興趣與愛好。這些話題可以激發好奇心，並開闢一條道路，讓你和面試官進行非常投入又生動的對話。除了要表現出你比表面上看到的更有深度，以及你是一個有多種面向的人之外，這次對話可能還會讓你發現，你和其中一位面試官有些共同之處，有共同點通常能夠增加你得到這份工作的機會。

三、視訊面試：這種形式的面試，是透過攝影機面對面進行的。準備的方式，就跟實際面對面的面試一樣，但也要採取以下步驟：

- 在你的家或辦公室裡選擇一個整潔的、有職業形象的房間。
- 在面試前做一次試驗，檢查所有的設備，特別是音效設備。
- 穿著要像你要實際見到面試官一樣正式。
- 注意你發洩緊張情緒的方式，比如輕敲鋼筆、翻動紙張等。麥克風不會消除這些干擾，反而會放大它們。
- **不要被螢幕上的自己分散注意力，而是要與面試官保持眼神接觸。**

四、二次面試：這年頭的面試是個漫長的過程。就算你在第一次面談或視訊面試中表現出色，也不一定就能獲得這份工作。雇主可能會要求你參加第二次面試，有時甚至有第三次面試，讓你面見更多員工，或問你更多問題。要求你參加第二次是個好消息，這表示你在最初的面試中自我推銷得很好，他們有認真考慮是否要錄取你。為第二次面試做準備時，你還是應該做正常的複習，但是應該把同等的注意力放在你從第一次面試中學到的東西上。

第二次面試是一個成熟的機會，可以集結想法，並與未來的雇主進行更詳細的對話。運用你內向者的反思和創造性能量，**提出一些可以幫助雇主解決問題**、擴展服務、改善網站或打造新行銷策略**的方法。你還需要準備一些問題**，幫助你在理解公司對這份工作的願景和期望方面，有更進一步的認識。

在緊張的面試之後，你可能需要一些安靜、獨處的時間。避免過度批評你所做的事、所說的話，以及所有表現的每一個細節。你已經盡力了，是時候放下那些你無法控制的事情了，所以給自己一個機會，讓自己重新振作起來。

之後，花點時間總結一下自己的面試表現。當你重播的時候，從面試中進行順利、讓你感到樂觀的部分開始。評估你的錯誤，並確認下次如何改進。幾乎每個人都有一個面試恐怖故事，所以如果這是一次糟糕的經驗，就看看你能從中學到什麼，然後繼續前進。你的人生是一部小說，這只是其中的一章。

在離開面試場地之前，**向每位面試官索取一張名片**。這可以確保你知道他們正確的名字和頭銜，以進行任何進一步的通訊或聯繫。在**面試後發一封簡短的感謝信**，感謝面試官撥出時間給你，再次肯定你對這個職位的興趣，強調你在面試中學到的東西，展示你的技能和背景多麼適合這份工作。使用電子郵件發送，或者，如果你喜歡手寫書信或卡片，書寫後郵寄也是個不錯的選擇。

既然你做了充足的準備，並完全交出了自己，你就有資格知道最終的決定。你的面試官可能會暗示，他們打算在週末之前做出最終決定，但如果你沒有聽到確切的日期，也請不要做出災難性的假設。面試官都是很忙碌的，還得面對專案截止日期和營運危機等，所以延後通知並不一定表示你沒有得到這份工作。然而，這不是一個展現安靜內斂的好時機。在你預計收到消息的幾天之後，就**發一封簡短的電子郵件給招聘經理或人資部門的連絡人，詢問該職位的情況**。你不會因此被視為討厭鬼，反而是一個積極的人選。如果這個職位已經提供給別人了，對有機會參與面試表示感謝，並希望他們在未來的任何空缺職位中記住你。像往常一樣，不要從此斷了這條路，因為未來它仍可能會帶來潛在的機會。

第七章
談薪：要到你該要的，對方還很愉快

當你接到那通期待已久、通知你被錄取的電話時，所有的努力和準備終於有了回報。然而內向者第一時間會被工作機會嚇得說不出話來，也不會去協商出最好的條件。但沒有必要驚慌失措，也不必立即接受這份工作。信任你停下來反思的自然傾向，花點時間消化這份工作，放下任何緊迫感或壓力。根據你自己的邏輯，有條不紊的研究薪資範圍和福利清單，同時考慮你的優先事項和個人目標。不要屈服於你的恐懼和不適，而認分接受別人給你的一切。貶低自己的價值會影響你未來的收入潛力，因為很多雇主在決定付你多少薪水時，都會考慮你過去的薪資。如果你以直接而禮貌的方式，爭取自己真正應該得到的東西，其實不太可能失去這份工作。

更大的風險在於，你沒有根據自己的價值去提出要求，卻發現自己的薪酬過低，在這種情況下，你可能會背負著揮之不去的怨恨，日復一日的工作。

我為內向者提供了一種評估工作條件的方法，並展示在談判過程中，要如何實際運用內向者的特質，那種天生的、令人敬佩的傾向，仔細謹慎的思考問題。為了展示你能做到什麼程度，我將用一個高階市場研究經理的案例，一步一步的引導你，他在協商薪資福利時，克服了恐懼和猶豫，最終獲得了極大的成功。

得到工作好開心？先等一下

在如坐針氈的三週後，電話響了，那頭的聲音說：「我們很欣賞你的經歷和你到目前為止在事業上的成就，我們想將布雷克諮詢公司的高階城市規劃師職位提供給你。」當人力資源代表詳細說明最初的招聘資訊，包括薪資資訊時，你全神貫注的聆聽。你被告知，稍後你將收到一封電子郵件，裡面有關於這份工作的詳細資訊，包括福利。但是，就算你很興奮，非常渴望接受這份工作，也請忍住，不要馬上大叫「好的！」。相反的，你應該以一種能增強你對這個職位熱情的方式來回應，讓他們知道你很期待好好研讀一下工作條件：

我很高興能為布雷克公司效力。我期待收到郵件，好讓我可以審查合約，包括福利條件等。如果我有任何問題，我會和你聯繫。我什麼時候給你答覆你比較方便呢？

這顯示你正在考慮針對條款進行協商，並希望仔細審查工作條件，你有可能與人資聯繫過後，才給出最終的答覆。大多數雇主都能接受你花三到五天的時間審查工作條件，然後進行可能的協商。

在你開始評估一份工作之前，思考一下這個機會對你的職業發展有哪些幫助。這份工作在為你增強技能、增長知識和擴大人脈方面，有什麼樣的幫助？通常追求一個新機會最大的吸引力，就在於它帶來的挑戰——即使乍看之下可能有些嚇人。冒險往往會考驗一個人最安全的舒適度，但如果你錯過了在職涯中滋養和進步的機會，你要冒的風險就更大了。比如說，即使這份工作「只是」橫向調動，它也可能提供完全不同的經歷，有機會提升你的專業技能。

如果你是應屆畢業生或二度就業，你可能很難爭取到更高的薪水，因為你無法將職業經驗作為籌碼。然而，如果你已經擁有雇主非常需要的特殊知識或技術技能，你可能仍有一些議價空間。無論如何，請注意本章中談到的技巧，當你向前邁進時，將會發現這些技巧在你的職涯發展中非常有價值。

要充分利用協商過程，首先要評估你目前或最近的薪資和福利待遇。通常你在談判中最關心的焦點是薪水，但是在關注薪水的時候，不要忽略了福利部分，因為這些也會轉化為金錢。如果你現在的雇主為你支付了全額健康保險，而新雇主替你增加了薪資，卻只支付健康保險的五〇%（高薪低報，或未加總所有津貼、各種等同薪資名目），那麼你可能沒有得到任何好處，甚至還是一筆損失。

評估薪資和福利待遇

在收到書面錄取通知之前，把你目前的薪資和福利明細表列出來。在你收到完整的書面錄取通知後，你就可以比較目前的薪資福利和這份工作的具體內容。即使你最終沒有接受這份工作，你也可以把列出來的薪資福利表留著，未來拿到另一份工作通知時，就可以派上用場。

表7-1能幫助你評估和量化你最近的福利。如果你是零工，你可能拿不到像正式員工那樣慷慨的福利，但不要因此而停止仔細評估你的需求和當前的薪資範圍。

把這個過程看作一個簡短的研究專案，運用你內向的能量，清楚的列出薪資和福利的細節。一旦你計算了你最近的福利和過往薪資，你將處於一個強而有力的位置，因為你已經擁有了真實的數字。

表7-1　你的薪資福利表

	目前工作	新工作
數字		
本薪		
津貼		
加給		
獎金		
福利		
健保		
健保個人負擔		
休假		
假期日數		
病假日數		
專業發展（研討會／培訓）		
學費減免		
退休		
雇主負擔		
個人負擔		
身心障礙		
壽險		
報帳項目（汽油、出差費等）		
電話費		
加班費		
其他		

開始協商吧

在你把薪資和福利相關的數字都填進去之後，你就可以主動找招聘經理，就你的工作條件進行協商。當你預料到必須就某些項目進行協商時，你多少會感到一些壓力，這是正常的，但不要讓內向性格中膽怯的一面潛入你的內心，控制你的情緒。你要下定決心，在你邁向成功協商的途中，善用內向的優勢將是助力而不是阻力。

在談論薪資和福利的細節之前，你必須清楚自己的價值。內向者傾向謙虛，避免自誇，但現在不是逆流行動的時候。你應該回顧自己輝煌的成就歷史，然後讓你的技能閃耀。提醒自己，你經驗的品質和範圍為何，並注意你的產業知識或專業知識。然後把所有辛苦得來的工作和成就，與職位描述的要求進行比較，向雇主展示你能帶來的眾多資產，這些資產將使你成為團隊中有價值的一員。

你當然可以因為得到這份工作而感到很幸運，但是要在這一刻的感激和重視自我之間找到平衡，要意識到，你能加入他們的組織，雇主也同樣很幸運。

在你收到錄取通知後，需要仔細分析的部分就是薪資。一些很棒的網路資源（臺灣的人力銀行網站可參考查詢）可以幫助你研究和評估與這份職位相關的薪資範圍。PayScale提供免費的線上調查，你可以輸入期望的職位名稱、在該領域或產業的年資，以及該職位所在城市，你也要輸入目前或前一份工作的薪資（你剛列出的薪資福利表裡面就有了）。你完成調查之後，就會得到你期望職位的薪資範圍。你也可以查看其他的薪資調查網路資源，如SalaryWizard。

你也可以**聯絡母校的就業服務辦公室**，詢問最近的畢業生就業調查。在這裡，你會找到一系列職位的薪資列表，都是校友在不同公司就業所提供的資料。

其他因素，比如公司的規模和地點，都會影響薪資範圍。舉例來說，剛發展的新創公司能支付的薪水，當然不如歷史悠久的公司。然而，在新創公司工作是一個能學習各種角色的機會，跟在傳統的機構中工作完全不一樣，在這種機構中，一個人只能被固定在單一的職能中。如果這間新創公司成功了，你還可以從股票中獲益。這種蓬勃成長、充滿活力的工作環境，無論你拿多少薪水來換，都是值得的，而且能讓你學習到多種技能。

一旦正式的工作內容寄來之後，你可以用你當前的薪資福利表，把他們提供的數字填進去。這將使你更能清楚的比較薪資和福利。

在美國，你可能會驚訝的發現，大多數雇主並不會嚴格遵守他們最初開出的薪資，而是會預留跟你協商的空間。典型的大型企業或公司，年薪通常會有五千至一萬美元的討論空間；對於更高級別的管理職位，範圍可能更為寬鬆；至於非營利組織，年薪能變動幅度比較小，範圍大約在二千五百美元至五千美元，除非他們提供的是高級主管的職位。

不要讓你才剛大學畢業的身分削弱了自己。根據你在領域中經由實習、領導或志工活動所得到的經驗和成就，你可能仍然有權力談五百到一千美元的差額。

在薪資談判中，不要讓你的焦慮和恐懼奪走你一生辛苦掙來的錢。要求多一點，因為你已經做了功課，明白自己的價值，知道自己值得擁有這個數字。

最近一項由喬治梅森大學（George Mason University）和天普大學共同執行的研究發現，相較於沒有對薪資進行協商的人，有協商者的年平均起薪高出了五千美元[20]。因此，如果你已經研究過這個職位的薪資範圍，也分析過自己的價值，而你仍然相信自己應該得到更高的起薪，那就勇敢開口要求吧。

薪水可能是你最先想到的因素，但是對於福利待遇，你也要給予同等的考量。大公司可能會有一系列與健康保險、休假相關的福利和政策。如果這些都是不可更動的條約，那你可能就沒有那麼多的籌碼，來為自己拼湊一個定制的福利包。因此，要注意雇主可能願意討論的其他選項，這些通常不涉及公司的金錢投資，但可能與你根深蒂固的職業願景或長期抱負有關。雖然想要增加收入是正常的，但也不要把擴展人生幸福的目標縮到最小。以下是一些你可以考慮協商的項目：

- 職位名稱：你對於在新崗位上可以承擔更多責任感到興奮，但你覺得這個職位名稱沒有準確的反映出你已晉升到更高的階級或責任範圍。根據組織的規模和公司文化的差異，職位名稱也會有所不同，如果要研究職責相似的各種職稱，可以使用前面討論過的線上薪資調查網站。你也可以和同業談談，找出當前與這個工作描述和營運經驗相配的頭銜。

如果你已經做了調查，但仍然對這份工作的職稱不滿意，那就提出一個你認為更能反映出這個新職位的職業發展和職責範圍的職稱。職業發展確實會受到像職稱這種簡單事情的影響，所以請記住，你在未來職業發展上所走的路，就是你在這裡協商的內容——而且這件事不會花公司一毛錢！

- 休假：豐富的個人生活也能讓你的薪酬條件更有吸引力。雖然在這個關鍵時刻，工作是你思考的首要問題，但你的工作之外還有生活，這個事實可能值得考慮作為協商的一個要點。多幾天帶薪假會對你的薪酬條件加分，同時也能平衡你的個人生活。同樣的，這也不會損害公司的底線。
- 彈性工時：根據美國家庭與工作研究院（Families and Work Institute）、人力資源管

20 Michelle A. Marks and Crystal M. Harold. "Who Asks and Who Receives in Salary Negotiation," Journal of Organizational Behavior 32 no. 3 (March 2006).

理學會（Society for Human Resource Management）和工作效能組織（When Work Works）在二〇一三年展開的一項全國性研究，大多數公司都為部分員工提供了彈性工時制度[21]。這就是靈活的工作時間安排，可以每週在家工作一段時間，或者遠端辦公。其他幾項研究也發現，只要有這種彈性，員工的工作效率會比較高，離職的可能性也比較小。

內向者通常會被這種好處吸引，因為它能讓他們在工作中得到休息。他們享受安靜和獨處的時間，在家或坐在星巴克安靜的角落裡完成工作任務。不過，在把彈性工時提出來協商之前，一定要先確定公司現有的政策和歷史。

- 專業發展：在這個加速發展的時代，你需要不斷增加知識基礎與提高技能。如果你在薪資方面遇到了瓶頸，你可以就學費、領導力培訓、專業協會會員資格或研討會費用等學習經費補貼進行討論。**這些福利不會威脅到公司的預算**，而且能證明你有很高的抱負，會把學習和專業精神帶到工作中。此外，這些專業發展經驗，讓你有機會可以擴充人脈、提高業界可見度。更好的是，這樣的專業發展機會，可以促進你未來的職業進展。

一旦你完成了薪資調查，並仔細查看過公司提供的整體薪酬後，你要確定對自己而言，一個理想的薪酬方案是什麼樣子。首先，這個方案應該承認並尊重你的市場價值。首先，確定你希望得到的最高薪資福利組合，以及你願意接受的最低限度，如果沒有先想好最高和可接受的最低數字，將使你繼續猶豫不決。而這可能會導致協商過程的混亂，並威脅到你談出一個可接受薪酬方案的機會。把你的理想定得高一些，能接受的目標定得低一些，這樣你就可能得到一個介於兩者之間的最終報價，拿到比一開始更好的條件。

讓我們來看看卡蘿，一位年輕的內科醫生，在花時間評估自己重視的優先順序，並研究薪資範圍後，如何為自己爭取到更優渥的工作條件。

卡蘿是一名有四年從業經驗的家庭醫生，她的年薪是十三萬美元，享有全面的健康福利和退休金。她收到一個很好的機會，可以在一間更大的診所工作，薪水十四萬美元，以及類似的福利。她是單親媽媽，有一個五歲的兒子，雖然她理解家庭醫生的工作繁忙，但她想確保自己有充足的時間陪孩子。她還被邀請在附近的醫學院教一門病患照護的課程，這是一個她很想接受的職業機會。

卡蘿發現，在她所在的地區，有五年以上工作經驗的家庭醫生，平均薪資為十五萬八千美元。在分析了雇主提供的待遇後，她希望自己的年薪能接近十五萬美元，因為這是一

---

21 Kenneth Matos and Ellen Galinsky. "2014 National Study of Employers," Society for Human Resource Management, Families and Work Institute.

項規模更大的工作，需要承擔更高階的職責。她還想協商一個比較靈活的工作時間，這樣她就可以多些時間和兒子相處，也可以去教病患照護的課程。根據她的經驗和技能，她不願意接受低於十四萬五千美元的薪水，除非有更多的福利。

在協商過程中，她積極宣傳自己在家庭醫學方面的成就和知識，讓合作夥伴相信她的價值，並考慮給她更高的薪水和更靈活的工作安排。她還將自己對薪資範圍的研究，作為協商的關鍵點，這最終幫助她翻轉了局面，得到她樂見的結果。

協商的結果是，卡蘿得到十四萬八千美元的薪水，工作時間很靈活，她每週工作四天，從早上七點到下午三點，然後週一休息。因為卡蘿在協商開始時，就對最高和最低薪資以及最高福利選擇有著明確的想法，她最終得到的更多。她獲得了一份薪水較高的工作，以及靈活的工作安排，這讓她有充足的時間和兒子在一起，並有機會在醫學院教授一門課程。

對待協商待遇，就像對待任何重要的報告一樣。**把它當作一場正式的對話，必須有條理的規劃思緒，練習表達的方式，直到自己聽起來很流利**、不生硬。記住，這不是一場比賽。我們是要透過認真傾聽、說出自己的立場、清晰有效的溝通，來建立一種有意義的關係。想像你和招聘經理是盟友，一起解決共同的問題。各方的觀點都必須尊重，每個人都有機會表達他們關切的重點，最終要達成一個雙方都同意且滿意的決定。身為內向者，你很擅長挖掘和處理他人的需求，但要確保對話的結果不是以你為主。

在你決定目標的時候，可以從兩個不同的角度來看待：雇主的需求和你的個人職業目標。為了幫助你進行策略思考，請考慮以下六點：

一、你想要這份工作：與人資或招聘經理**談薪的一開始，你就要清楚表達，你是真心喜歡這份工作**，也非常認真的看待他們提供的條件。從這個角度出發的話，你絕對有權利爭取最好的待遇。當你們繼續討論時，要強調你的首要興趣和意念是希望與雇主達成共識。

二、他們想要你：雇主現在是你的盟友。想想看，在他們審核的眾多履歷中，最終是你脫穎而出。如果你**禮貌又委婉的提出你的條件，會加強他們對你已經存在的良好感覺**。如果你感覺緊張，要記得這個事實：你提出的條件可以讓你成為一個更有效率、更和諧的員工。你可以在既不咄咄逼人也不惹人厭的狀況下，堅定執著自己的立場。

三、確保他們了解你的價值：你最有力的談判籌碼，就是你這個人的市場價值。不要讓你對協商中要說什麼的期待或緊張，抵消了你能帶來的價值。把你的思緒轉移到能幫助你獲得這份工作的積極特質上，比如你工作表現的紀錄，你得來不易的成就，以及已經受到肯定的才華和技能。再加上你對薪資範圍和福利的研究，你就有了更令人信服的理由，去要求更高的薪資和更好的福利。

四、他們有多需要你？如果目前的就業市場對你的經驗、技能和專業知識有需求，你或許就有強大的籌碼，來談一個更好的薪酬方案。此外，**如果這個職位急需有人填補**，那麼招聘經理可能會有需要趕快找到人的壓力。雖然你不一定想要利用對方的弱點，但是抓住有利的時機並不是不道德的事。這是雙方都能獲利的最佳結果，公司能及時得到他們需要的服務，你也會成為一個每天都期待上班的快樂員工。

五、弄清楚你在和誰議價：對於即將要和你協商的對象，先去了解對方的性格、職位和需求是很有價值的，而且可以善用這點來簡化談判過程。例如，在面試過程中的某個時候，招聘經理可能對你這個職位性質流露出擔憂。或者他們隱約提到組織裡的趨勢或挑戰，而這些可能會影響你的職位和部門。根據這些問題，你可以提出一些有說服力的建議，或充滿自信的指出，在當前的組織環境中，你的具體優勢將是解決問題和消除擔憂的有利條件。

根據你是直接見到老闆，還是與人資打交道，協商的性質也會有所不同。**老闆有權力**批准一個比較有吸引力的薪資要求，他們比較願意支持你是有道理的，因為他們可以從你的加入直接受益。**人資可能就會覺得有必要堅持**固定的薪資上限和福利待遇。

六、衡量你的議價地位：如果你現在有工作，進行協商時可能比失業時更有優勢。同樣的，如果你有收到其他的工作機會，你就更能夠用力發揮。但是，要小心不要拿這幾間公司相互比較，否則你可能會失去所有工作機會。

身為內向者，你自然會傾向於專注和有條理的思考，這些特質都有助於打造一個良好的協商策略。只要你有時間處理和**仔細思考你的方法，寫下你重視的優先順序和目標，寫一份草稿或協商條款的要點**，這些將有助於達成協議。就跟準備面試一樣，找朋友或同事實際練習，也可以幫助你把要點記在腦中，並發展出一場完美的演說（排練時，使用下面的協商內容大綱作為引導）。這種排練也能顯示出你的論點有沒有說服力，而且它絕對會讓你在協商時，感覺準備得更充分、更有信心：

- 確認：從一開始就強調你對這個職位的興趣。
- 薪資分析：展示你的研究和薪資分析，並說明要求加薪的理由。
- 福利評估：審視要協商的福利方案及要點。
- 優先順序：期望的最高和最低薪資，或你願意接受的福利條件。
- 個人市場價值：符合雇主需求的經驗、成就和技能。
- 感激：對雇主願意考慮你的要求表示感謝。

亞當是一位市場研究經理，他被波士頓一間數位科技公司聘為市場研究副總。對於這家公司，和一個能讓職涯有所進展的職位，他是真心的感到興奮，但當我請他評估這份工作，並針對條件進行協商時，他沉默了。亞當認為，既然這份工作已經給了較高的薪水，就等於是晉升，所以他不應該要求更多東西。

在我跟亞當討論協商的好處之前，我請他從目前的薪資福利表（見第一八七頁）中，列出他認為最重要的優點，然後與新職位提供的優點進行比較（見下方表格）。

在列出他目前和未來的薪酬方案後，我請亞當搜尋目前類似市場研究副總職位的薪資範圍。他的研究顯示，大公司的平均薪資接近十二萬七千美元（不包括獎金）。這些資訊把他的情況放到了現實當中，讓他有信心從不同的角度看待這份工作，並最終要求了更高的薪水。亞當意識到，他將在這份工作中承擔更大的責任，因此他有資格獲得與他的領域和職位相稱的報酬。隨著他對全局有了更清晰的認識，亞當也考慮到他需

	目前職位	新職位
薪資	85,000 美元。	100,000 美元。
獎金	7,000 美元。	按前一年度計算，12,000 美元。
健康保險	每年6,500 美元的保險費，公司負擔 75%。	每年6,500 美元的保險費，公司負擔 80%。
休假	4 週，外加 7 天假期。	3 週，外加 7 天假期。
退休金（臺、美國情不同）	公司負擔 6%。	公司負擔 4%。

要的薪資，必須能讓他在波士頓過著舒適的生活。

此外，我們還確保亞當能夠在工作之外維持他的興趣，尤其是旅行，所以雖然條件裡的休假是三週，亞當還是決定爭取四週。

為了幫助他堅定信心，我讓亞當評估他與這個職位相關的資格和經驗。亞當有ＭＢＡ學位，擁有十八年科技市場研究經驗，他從市場研究分析師做起，一直升到高階市場研究經理。他是收集和分析消費者資料的專家，這些資料已經成功預測數位科技產品的預期銷售，甚至還超越了預期表現。他還設計並引入了一個互動式的市場研究系統，可以輕鬆提取可用的客戶資料，從而準確的預測市場趨勢——這套系統讓招聘經理最感興趣。亞當知道，他的經驗、創意思考和敏銳的分析技能，可以幫助這家公司推出能創造高額收入的新產品。帶著對自己實力和價值的全新自信和清晰認識，亞當制定了自己的協商條件：

- 薪資：十一萬五千美元（中型企業），最優先的條件。
- 退休金：雇主負擔六％。
- 休假：一年四週。
- 願意接受的最低薪資：十萬七千美元。

在開始練習協商之前，我請亞當用協商大綱來組織他要講述的內容：

- 確認：對市場研究副總一職很有興趣。
- 薪資調查分析：**大公司同類職位的平均薪資**為十二萬八千美元。
- 福利評估：提高雇主對退休金的貢獻（六％），增加帶薪假期。
- 優先順序：薪資（第一），退休金（第二），休假（第三）。
- 個人市場價值：在銷售和創建新資料系統方面取得成功的技能和知識。
- 感激：感謝招聘經理願意考慮亞當的要求。

在亞當確定協商過程中要考慮的所有優先事項後，我們就進行了角色扮演，由我來扮演雇主的角色。

亞當：你好，我是亞當，我想和你討論一下市場調查這個職位。我對你們提供的副總職位非常感興趣。如果你時間允許的話，我想跟你討論一下這份工作合約的細節。（確認）

雇主：亞當，很高興收到你的消息。你準備好要簽合約了嗎？有什麼其他的問題嗎？

亞當：在我收到正式的錄用通知後，我花了一些時間研究市場行銷副總職位的薪資範

圍。**根據我的調查，你們提供的薪水比平均值低了二萬五千美元**。我希望薪水有商量的餘地。（薪資調查分析）

雇主：坦白說，我很驚訝我們的薪資比競爭對手低這麼多。我們一直以提供員工豐厚的薪酬待遇而感到自豪。關於你做的研究，可以跟我多說一些嗎？

亞當：沒有問題。根據我研究的資料，市場研究副總的平均薪資是十二萬八千美元，最高可達十五萬五千美元，不包括獎金。考慮到貴公司是一家中等規模的公司，再加上我必須搬到一個生活成本比較高的地區，因此我期待的薪水是十一萬五千美元。當然，這並不會減損我對公司工作的熱情。

如果你看我在分析消費者對科技產品反應的獨特技能，對持續推動收入增長有什麼幫助，我相信我將帶來類似或更好的結果。在之前的面試當中，你提到你對我許多創新專案和成果印象很深刻，未來我還必須承擔更大的責任和更高的生活成本。（薪資調查分析、個人市場價值、確認）

雇主：我明白你的意思，但是我不確定我們是否能滿足你提出的薪資要求。你仔細看過我們的福利方案了嗎？我們很有競爭力，或許這可以彌補薪資方面的不足。

亞當：我看過貴公司的福利方案了，確實相當不錯！我聯繫過人力資源部的羅伯特，他也回答了關於各種健康計劃的細節問題。我想討論的福利是退休金。我看到你們為退休金貢獻了四％，而我目前的雇主貢獻六％。我現在正處於需要為退休儲蓄的階段，所以如果你能考慮將額度提高到六％，我會很感激。我現在的休假是四週，所以希望能把休假日數增加一週。（福利評估）

雇主：我們在退休金的部分，對所有新進員工有固定的比例。但是第二年起，若想將雇主負擔部分提高到五％是有可能的。我們也許可以給你多幾天假期。讓我考慮一下你對福利和薪資的要求，然後在週末之前給你答覆。如果我們不能滿足你提出的薪資，請記住，就職六個月後，我們就會評估員工的表現，如果你的表現很好，我們會給你加薪。此外，我會記得考量你的搬遷和生活費用。

亞當：我很感激你願意考慮和理解我的請求，期待本週收到你的消息。（感激）

等到要進行真正的協商時，亞當已經準備好了。基於對優先順序的澈底審查，和對薪酬方案的分析研究，亞當具備了知識和自信，有信心去要求更多。加上這一次精心設計的排練，亞當已經有強而有力的理由，去談更高的薪資和福利。他有能力這樣做，同時也等於向對方表明，他們想僱用的是一個有實力的人，他將是公司中很有價值的生力軍。與此同時，他協商出更令人滿意的工作條件，這將增強他的自尊。最後，亞當順利圓滿的完成了協商，也得到了正面的結果：

- 薪資：十萬八千五百美元。（薪資將在六個月後審核，根據工作表現，可能會有五%的加薪。）比徵才條件多談到八千五百美元。
- 搬遷支助：二千五百美元。
- 退休金提撥：第一年四%，第二年五%。
- 假期：第一年多兩天，第二年起總共四週。

儘管這些數字聽起來令人滿意，亞當仍然不急於接受。他繼續專注於自己的長程目標，請招聘經理考慮在第二年將退休金提撥提高到六%。招聘經理同意將根據他的表現，在一年後進行評估。雖然亞當最初不願意協商，但他最終多獲得了一萬一千美元的收入，以及多兩天的假期。

協商風格和場景

沒有兩次協商會是相同的，畢竟對話總是發生在兩個截然不同的人之間，每個人都有自己獨特的溝通方式。在這裡，你會找到一些有效的方法來融入你的風格，以及一些你該避開的常見陷阱。這裡還包括一些小建議，關於如何與非常不同的人進行協商：外向者，還是跟你一樣的內向者。**如果雇主不肯在薪資上讓步，你該怎麼辦**？我們也會提到這部分。以下是三種錯誤的協商方式：

一、迴避：亞當的第一個直覺告訴他，接受這份工作就好，否則他可能會澈底失去被錄用的機會。迴避是一種自我挫敗的風格，用來抵制任何可能有衝突的情況。然而，我們真正應該避免的，是迎合任何根深蒂固的自尊心不足，以及內心那喃喃念著消極思想的聲音。如果你能讓那個聲音安靜下來，把那些合理化的理由放在一邊，你會驚奇的發現他們是多麼想要你。

二、通融：**當你把公司的需要看得比什麼都重要時，你自然會把自己的需要看得微不足道。內向者經常會成為這種協商風格的犧牲品**，因為他們很容易支持別人、傾聽別人的需求。不幸的是，這種協商風格可能和迴避一樣，是在規避風險。不要招聘經理一質疑你的要求，你就屈服了。專注於你的優先事項，協商時把你的最終目標記在心裡。當你專注於雇主的擔憂，並因此將自己的需求和欲望縮到最小時，你基本上就是在犧牲自己讓雇主便利。在這種情況下，協商結束後，你可能會感到失望和不公平。

三、妥協：**薪資協商如果建立在「交易」的基礎上**，例如，你**可以用不加薪來換取某**

種福利，因為你認為這對雇主來說是公平的。在使用這種妥協方式時，雙方都得到了某些想要的東西，但**這對內向者來說，是一個棘手的過程**。尤其是對雇主的需求產生同理心時，可能會讓你自己重視的事項處於危險之中。雖然考慮到雇主的需求並不是壞事，但你可能會因為想幫助雇主，而失去一些你認為很重要的條款。

反之，**以下是兩種理想的協商方式**：

一、合作：在這種協商方式中，你和招聘經理一起努力尋找解決方案，而不是藉由交易條款而互相競爭。你的職責是**了解招聘經理面臨的困難**，並尋找能結合彼此需求的解決方案。合作這種方式的本質就是對話，藉由**探討各種選項找出雙方都能接受的方案**，是一種互相理解，盡可能接近各方的目標，同時避免權力鬥爭。這是一個很好的練習，將來可以參考，因為此時與你合作的人，將來可能會成為你的直屬主管。既要圓滑，又要清晰的用這種方式，建立起一個友好的開端，表現出你進入這個新職位後，也會對主管、同事表現出同樣的尊重。

二、使用自信有力的語言：你要接受這個事實，在你陳述協商要點之前，一定會緊張到胃抽筋。這個過程可能會影響你將來的工作生活，這只是你的想法而已。用自信的態度表達觀點，使用清晰有力的語言，藉此掩飾你的緊張。**避免使用降低自己地位的詞語，例如：「我是想說……。」或「我只是想問一下……。」**相反的，要使用充滿自信的詞語，像是：「關於這點，我想討論……。」或「根據我的經驗，我確定……。」使用能反映出力量和自信的語言，能引起對方的尊重和敬佩，而這通常也會帶來正面的反應或結果。

與外向者協商——不退縮的要領

有時候，你為協商做足了心理準備，結果卻遇到了終極外向者。面對可能成為你新老闆的人——那種**外顯的友好態度和天生會主導談話的能量，你就會往內縮**。你不確定什麼時候可以插嘴，但現在不是從等式中減去你自己的好時機，你反而是應該更加振作起來。應對這種可能情境的最好方法，是使用反映式的傾聽法。這種在人本主義心理學中備受推崇的技巧，就是藉由評論或重申你聽到對方所說的話，來認可這個人。

這種方法可以幫助你與可能成為你老闆的人建立連結，並讓你陳述你想要協商的要點，如薪資、福利或工作條款。反映式傾聽不僅需要耐心，還需要你付出同樣的努力，以友好的態度說出來。下面是一個內向者遇到一個外向人力資源代表時，使用這種方法的例子，這個人資代表已經針對部門面對的具體挑戰，講了好一段時間了：

瑪麗亞，我很理解你現在的處境，因為你要面對你們部門現有的挑戰和人力資源的限制，尤其是福利方面的限制。雖然我不想忽視這些問題，但我想和你多談談薪資的部分，以及有沒有可能每週至少在家工作一天。

事實上，反映式傾聽是內向者的天性。它讓你在與超級外向的招聘經理協商時，可以利用你那些有價值的性格特點，像是敏銳、善於觀察、善於傾聽等。使用這個技巧，你可以同時**把自己聽到的內容，變成對說話者的尊重和對你自己需求和期望的支持**。如果性格外向的經理主導談話時，你開始感到焦慮，那就**深呼吸，讓自己安定下來。藉由提醒自己你的目的和目標，耐著性子聽完**。然後，找一個好時機插話。記住，即使是外向者，在某些時候也需要喘口氣。

如果你在協商過程，就和一個外向者打好關係，會發現他們跟你其實可以處得很好。

與內向者協商，沉默是金

一個比較內向的經理，可能會以一種友好但保守的方式開啟對話。他們不會控制對話，而是會立即專注在你身上，確保你完全理解薪酬方案。或是會直接切入重點，看你是否有任何問題或顧慮。

在你提出想要協商的項目之後，**內向招聘經理可能會暫停一下，仔細考慮你的要求。這時千萬不要貿然開口**，沉默一會兒，會比你說的任何話都更有成效，也能讓對方有思考空間。如果你處在他們的位置，你也會很感激有一個喘息的機會來整理思緒。在與內向者協商時，**這個停頓的時刻，正是你提出的觀點可能被考慮進去的時刻**。因此，讓內向的經理不受干擾的思考吧，在這短暫的寂靜中，你可能就會聽到收銀機的聲音。

在和內向者協商時，最大的好處就是，他們會仔細聽你說話而不打斷你，而你就有足夠的空間來陳述自己的觀點。他們可能不會給予太多的回應或參與，或甚至會要求更多的時間來考慮你的要求，但這並不是該擔心的事情，只要有耐心就好了。

有些情況下，即使**你想要提高薪資，雇主也沒有辦法做到**。如果你真的想要這份工作，**可以請他們幾個月之後重新考慮你的薪資要求**，至少要六個月。到那個時候，你已經證明了自己的價值，公司也比較有可能替你加薪，以確保你繼續為公司服務。沒有哪個雇主會希望失去一位優秀的員工。

但也要知道什麼時候該放棄。如果你知道那份薪水不夠你生活，或是認為它遠遠低於你的經驗和資歷，你是不會快樂的。**用充分的理由拒絕一份工作，也是在反映你的自尊**。如果你決定拒絕這個職位，以正向的態度結束協商，表達你對他們抽出時間的感謝，對公司使命的尊重和欽佩，以及對不得不拒絕這份工作的遺憾。畢竟，你永遠不知道將來是否會再遇到這位人資代表或經理。

隨著職涯的展開，你的協商能力將影響你實現目標的潛力和你應得的收穫。你越勇於冒著風險與高層領導和同業協商，你的信心就會越高漲，你在工作中的權力也會越強大。你的雇主會以尊重的態度來看待你的協商能力，還有你的自信和技巧。即使有了準備，你也不可能總是成功，但你在專業方面會繼續成長，保持著健康的自尊。

第八章 內向的你如何適應新環境

在你成功談妥工作條件之後，真正的考驗才算正式開始。開始為新雇主工作，感覺就像跳入一個未知的世界。你彷彿開始一種全新的協商，要學習與不同的個性的人相處。你的新老闆會是什麼樣的人？你的同事好相處嗎？在這個未知的世界裡，怎樣才能成為一個強大的績優表現者呢？

較為內向的人格特質，可能會為你帶來額外的挑戰和壓力，尤其是在現代工作環境中，一切都講究速度，似乎比較適合那些性格外向的人。**剛開始的時候，你可能很難對老闆或同事發表意見或採取行動。想要平衡這些恐懼，最好的方法就是做你自己，擁抱你內向性格的諸多優點，就是這些優點讓你走到了這一步**。例如，身為一個難能可貴的傾聽者，你會提出有見地的問題，你會表現出對學習的興趣，並真誠的希望邀請同事參與討論。當你和同事一起進行需要專注和創意思考的專案時，你的天性也會是一大加分。

雖然在辦公室裡安靜工作沒有什麼問題，但你還是必須在電子郵件和語音信箱之外，找到與員工經常且有效溝通的方法。沒有錯，你在辦公室不是為了過著派對般的生活，但你也不應該切斷自己與他人的連結（內向者會有這種傾向），你所需要做的，是學會順應組織的潮流。

這一章旨在幫助內向者從上工的第一天起，就有一個良好的開始。本章涵蓋的主要內容包括**適應新環境的七步驟計劃、在組織環境中順利通行的藍圖、與上司和同事的有效溝通法，以及對職場禮儀的正確理解**。

新工作的頭幾天可能會比較不舒服，因為你要熟悉一些基本細節，還要認識同事和辦公室職員。你需要一些時間，才能適應這些新面孔和陌生環境。

當你在上工的頭幾天裡摸索時，寫下一些筆記和心得，把那些有助於你成功駕馭日常工作的細節記下來。記錄和組織你的觀察，可以讓你的大腦停止胡亂空轉，使你更能夠理解周圍發生的事情，包括你自己頭腦裡發生的事情。**你可以把觀察分為以下兩個類別：**

一、新資訊：目前為止你學到的重要資訊。

二、問題：為了釐清你的觀察或新資訊，你應該提出什麼問題。

想要設想周到且有條理，你可以把新工作的頭幾週看作一個研究專案。運用敏銳的觀察和傾聽技巧來感受公司的脈動，深入理解工作期望。留意老闆和同事的性格，並找出與他們共事的最佳方式。

最終，你必須掌握主動權，顯示出你積極的那一面，但在一開始的幾週裡，做些自然的事情：觀察、聆聽和反思。

內向者傾向於內化失敗或困難的經歷，把一切全都放在心裡。如果你讓這些經歷控制了你的態度，就很有可能毀掉一個美好的未來。如果你過去和經理或同事有過不愉快的經驗，把它從你的系統中刪掉，這樣它就不會影響新的工作環境。**在腦子裡把它說出來，或者和一個可以幫助你正確看待事情的、可信賴的朋友談談**。你可能會發現，是你促成了這些看似負面的經驗，或者你可能做了一些不同的事情，改善了這種情況。和自己訂一個協議，如果再出現類似的情況，你要改變自己的行為，並採取正向的態度，這將重新塑造你的工作生活。請帶著乾淨的情緒開始新工作。

了解組織——觀察風向與氛圍

雖然在準備面試時，你已經了解過公司的使命和願景，但更深入的去認識公司的短期目標或策略計劃，也是個好主意，因為這能讓你對公司的前景有更廣闊的視野。研究一下組織結構圖，這樣你就能**知道自己在權力關係中的位置。去了解一位經理與另一位經理之間的關係，哪些員工負責什麼不同的職責，以及誰要向誰報告**。

仔細閱讀員工手冊，熟悉公司的政策和程序，比如與智慧財產權等問題相關的資訊：你必須知道公司在什麼情況下，會擁有你在工作時間創造的東西。這樣你就不會失去任何權利，注意重要的申請時期，以及何時你有資格獲得某些福利。同時，仔細閱讀公司資源的資訊（如電腦或手機），以確保你不會違反公司規定的使用政策。

在現代社會中，有非常多的縮寫和簡稱，因此，許多組織使用它們來代替冗長的辦公室或部門名稱也不足為奇。當我在賓州大學工作時，職業規劃辦公室被稱為CPPS（職業規劃和就業服務）。負責管理每個領域都有該行業特有的特殊字彙或行話，而這些通常是一般大眾不理解的。例如，與投資銀行相關的術語包括「中國牆」（編按：指在組織中建立資訊障礙，防止可能導致利益衝突的溝通和交流）、「EBITA」（編按：未計利息、稅項、折舊和攤銷前的利潤）等等。**盡快搞懂工作場所中使用的語言**，可以加快你適應的速度，讓你感覺自己是這俱樂部中的一員。

社交禮儀：別裝酷

在專業場合中，你的同事和客戶會希望你遵守既定的社交規則、基本禮節、穿著得體，並且尊重他人。注意你工作文化中的社交禮儀，這樣才不會因為一些失禮的錯誤而讓自己難堪，比如穿著便裝出席正式的商務會議，或者在人前貶損前任老闆的能力。要特別注意服裝的要求、得體的商務禮儀，以及其他該做或不該做的注意事項，這些都有助於你融入新的公司環境。

一、禮節：職場禮節需要細微的觀察，這個層面透露出的訊息，就跟理解主要的職場規則同樣重要。第一印象會像強力膠一樣根深蒂固，所以要避免在人際交往中出現失誤，隨時保持禮貌：把「請」和「謝謝」掛在嘴邊；手機調成震動模式；如果生病了就待在家裡。觀察辦公室裡受人尊敬的同事之間是如何互動的，並向他們學習。

二、衣著：穿著品味高雅但風格較為保守的衣服。你可能會發現，商務休閒服是一種可以接受的辦公室風格，但與高階主管、董事會成員或重要客戶會面時例外（會面時要穿著較正式的服裝）。商務休閒服的定義其實非常多變，在不同辦公室中會有很大的差異。在你入職的頭幾週，留意高階職員和同事的服裝風格，然後讓你自己的外表保持在那樣的時尚範圍內。最終，你會找到既能表達自己的個性，又能符合辦公室服裝潛規則的衣著方式。

三、團體互動：去熟悉公司的個性，掌握工作場所的脈搏，以幫助你適應新的環境。在公司或部門員工會議上，觀察他人提出了什麼問題，以及領導人如何引導和管理團隊。掃視整個房間，看看員工的反應，包括臉部表情、肢體語言。氛圍是充滿熱情、真誠投入，還是員工們冷漠不感興趣，敲著手指、打著哈欠、頻頻看手機？

在員工休息室或咖啡機周圍的時間，正是重要的學習時機。當你的同事心情放鬆時，他們會更會暢所欲言，說出他們對公司專案和計劃的真實感受，所以要特別注意。你還可以從不同級別的員工那裡獲得有價值的資訊，並發現他們在同事之間引發的感受。

四、時程表：在剛入職的培訓階段，要特別仔細的觀察周遭，注意辦公室裡面的常規。你的同事通常都保持朝九晚五的作息嗎？還是他們傾向於長時間工作，還把工作帶回家？你的同事有午休時間，還是在辦公桌前吃飯？這不僅是一個必須遵守的問題，更是在認識這個新職位的現實情況，以確保你能跟上公司的工作和節奏。

內向的新人，如何很快受賞識

在最初的幾週內，你與直屬主管溝通時投入的精力和注意力，對你將來的成功至關重要。要盡早把握機會，主動和你的主管開始對話，討論交換資訊的最佳方式。例如，當問題需要快速答覆時，你的主管是喜歡使用電子郵件，還是比較開放的策略和個人作法？**在最初三到六個月的試用期內，你要盡快弄清楚公司和主管的需求**，以及滿足這些需求的最佳方式。確保你對公司期待和背負的責任有清晰的理解，以及你的表現將如何被衡量。這可能也是一個向主管詢問公司關鍵人物的好時機，這些人或許可以幫助你，在履行你的職責時提高表現績效，並提醒你避開哪些陷阱。

以色列臺拉維夫大學（Tel Aviv University）的研究人員，對八百二十名上班族的健康狀況，進行了長達二十年的追蹤調查[22]。研究結果顯示，與保持健康關係最密切的因素，是相互支持的同事。所以，當你利用外向的能量打造屬於你自己的新工作環境時，也運用一些能量來與同事建立融洽的關係。

記住，你不只是個職員，而是一個真實的人，受到社會化的影響。不要等到別人來邀請你，自己站起來，走過去，露出微笑，並說你好。如果你從最基本的話題開始，比如：「你在這裡工作多久了？」或「你的主要職責是什麼？」沒有人會覺得你很煩人。這種不具

22 Arie Shirom, Sharon Toker, Yasmin Alkaly, Orit Jacobson, and Ran Balicer. "Work-based Predictors of Mortality: A 20-Year Follow-up of Healthy Employees," Health Psychology 30 no. 3 (2011).

威脅性的方式，可以建立融洽的關係，也是一個舒適的開始，讓你可以逐漸深入到其他的私人問題，例如：「你的週末過得怎麼樣？」評估一下辦公室裡哪些人表現出色、哪些人則是愛抱怨和逃避工作。一個和善且受人尊敬的員工，在告訴你行業技巧以及如何避免失誤時，可是非常寶貴的機會。

在新工作剛開始的幾週裡，你感覺自己彷彿被困在一個孤島上，這是完全正常的。這種孤獨是一種暫時的狀態，與內向或性格類型無關。即使你正在努力認識公司員工，想要形成有意義的連結，建立起舒適的互動，都是需要時間和經驗的。另外要注意，一些同事可能已經形成了小群體，**不要把精力浪費在試著打進已經建立起牢固關係的群體**。相反的，你**應該多留意那些似乎和你合得來的人，或是在某個問題或任務上出手幫忙你的人**。與辦公室裡的人建立起友善的連結，哪怕只有一個，也可以緩解孤獨的感覺。

身為內向者，循序漸進的人際關係培養方式，應該會比較吸引你，因為它提供了一個機會，讓你建立起遠比一頭哉進人群中更有意義的人際關係。而且，這也是成為一個被接受的團隊成員的最佳策略，完全符合你的天性。

在這段工作過渡期，向家人和朋友尋求一些額外的支持。不管你在新工作上投入了多少精力和時間，都要繼續參加那些熟悉的活動，讓你感覺自己是某個團體或社區的一部分。朋友和戶外活動，可以加強你成功培養人際關係的能力，無論是在工作場所內或外。

打從十年前大學畢業，馬克就一直渴望在蓋茲基金會工作，因此，當他在那裡找到一份高階策略主管的工作，簡直就是美夢成真。

工作的頭幾週，一切似乎都很順利，但他覺得自己並沒有與同事或執行團隊建立起牢固的關係。與此同時，他的主管雖然很鼓勵他，自身卻忙於多個專案。身為天生內向的人，他開始越來越常躲在辦公室裡，越來越感覺孤立無援。他最終意識到，他必須補充自己的社交能量，在工作中更努力的發起對話。當然，這種感覺只是加深了他對融入團體的擔憂，增添他的憂慮。

然而第二天，當他走進電梯時，他看見專案宣傳部的副主任海娜，便向她做了自我介紹。他想起在研究基金會的高階團隊時，有看見海娜是印第安那大學的校友。他提起這一點，開啟雙方有趣的對話。

然後，海娜問馬克他對新工作適應的狀況如何，並建議他們幾週後一起去吃午飯。她還主動提出，如果馬克有任何問題，或是她所在部門有任何資訊是馬克覺得有需要的，她很願意回答問題與提供資訊。就在這樣短暫的交會中，馬克做出了一個偶然的決定，打破了電梯裡的沉默，把自己介紹給一位高階主管，從而與一位重要的專業領導者和潛在的導師建立了關係。

全球領導力培訓和研究公司最近進行了一項為期三年的研究，發現四六%的新員工會在一年半內處於低潮期，只有一九％的人能獲得明確的成功[23]。根據這項研究，這種失敗並不是因為技術能力薄弱。新員工失敗的主要原因是缺乏人際交往能力，因為他們無法管理情緒、不願意接受意見回饋、缺乏動力和主動性。

記住這些問題，不要讓自己成為統計數字當中的一員。利用你內向的力量來仔細傾聽和觀察。在你關鍵的試用期，運用你識別自己和他人情緒的能力，與同事和高階領導溝通。遵循以下的七個步驟，你就會成為那成功的一九％，進而成為很有價值的員工。

成功的七個步驟：最初的六十到九十天

善用你的個人風格，你吸收並學會了如何駕馭你的角色和職場文化的重要層面，也挺過了新工作的最初幾週，現在是時候發揮更積極的特質了。你能否在新工作的第一季取得成功，很大程度上取決於你是否有能力與高階管理人員、同事、客戶建立有效的工作關係。對你被分配的專案和具體職責表現出興趣和主動性，也是同樣重要。不要羞於提供可能解決問題的意見和建議，或提出能幫助組織成功的想法。無論你的貢獻是否被採納，你都已經開始把自己塑造成一個忠誠奉獻的團隊成員了。

一、與你的管理者建立關係

你的首要任務是和主管建立一個富有成效的關係。**在你們互相認識之際，找一些共同的話題熱絡氣氛**，無論是興趣、孩子、運動，最平凡的話題都能引發化學反應，進而帶出正面的工作關係。也許你們都喜歡網球或電影，也許你們有年齡相仿的孩子。透過建立這種共同性，你自然會與主管建立一種輕鬆、持續的對話。然後，你可以在會面開始或結束時提一下你們的共同興趣，或者偶爾到辦公室聊聊。這裡不是要你和你的管理者成為最好的朋友，你是要帶著可以共同努力、讓公司受益的目標，來發展這種微妙的關係。

管理者都有自己想達成的目標，從創立與執行策略，再到確保團隊在重要的專案期限或配額內完成任務。身為一個內向者，你對別人的需求很敏感，所以你可以運用這個特點，表現你對管理者的同理心。讓你的管理者知道，你了解你的新任務所承擔的責任，你願意為實現同樣的目標做出貢獻，來讓他感到安心。

隨著你更加**了解管理者的工作重點，尋找機會提供支援或協助**。如果你已經準備好了，你可以主動提出為管理者分攤一些工作內容，或者提出相關的建議，證明你是有幫助的。把自己當成共同實現重要目標的合作夥伴，表明你可以成為一股積極的力量。這會讓你

---

23 Mark Murphy. "Leadership IQ Study: Why New Hires Fail," Public Management 88 no. 2 (2006): 33.

的管理者看起來表現得很好，也讓你成為團隊中的重要成員。

如果你內斂保守的一面占據了主導地位，而你又很擔心與主管的初次會面中該說些什麼，那就提前**善用你的好奇心，準備一些關於你職責或公司的深入問題**。這麼做既能放鬆你的神經，又能給人留下你認真看待工作的良好第一印象。**向主管提出以下問題，幫助你了解自己的角色**、你的管理者，以及整個組織：

- 你希望我在第一季完成什麼任務？
- 你面對的主要挑戰是什麼？我能如何協助你？
- 在接下來的幾個月裡，為了成功，我該學習的最重要事物是什麼？
- 我應該注意組織中的哪些變化或當前趨勢？
- 你希望就哪些問題進行諮詢或最終批准？
- 還有什麼工作人員可以幫助我熟悉環境？
- 關於你的工作和管理方式，我應該知道些什麼？

管理者的心神專注於無數的事項，這些是在你加入組織前就存在的事。因此，有些管理者可能不會留意委派任務或確保新員工得到全面指導這方面的事。事實上，在其他方面很有能力的經理人，未必是最好的溝通者。當你感覺自己好像被獨自留在汪洋中時，要積極主動，準備好自己去划船。自己去確認是否有需要完成的基本任務，並主動去完成它們。

一旦你更了解管理者的個性和工作重點，也了解部門的使命和目標後，就可以提出一個你可以獨立完成的專案，運用你的聰明才智，來決定你該如何為團隊提供服務。**每個管理者都有自己的罩門**，你的主管或許就不具備協調人或天生領導者的強大技能。如果是這樣的話，底下的員工如果是個獨立的思考者，並且懂得提供如何幫助他們和組織的想法，他會感到相當寬慰。對於不喜歡交流的人，為了完成重要專案或解決有風險的事項，最好使用外向的方法來確保流暢的對話與保持連結。

二、與同事建立關係

你所認識的一些新同事，可能會成為終生的朋友，這是很實際的事情。即使在你換到其他工作之後，仍然會和某些支持你的同事保持聯繫。直到今天，我還和以前的幾位同事保持聯絡。他們受人歡迎的專業知識，幫助我拓展了職涯，而他們的情感支持也同樣寶貴。

正如前面提過的許多內容一樣，透過一些深思熟慮的預先計劃，可以建構出一個堅實的框架，來與同事建立正向的關係。和幾個同事稍微聊聊天，在早上、午餐時間，或其他適當的時間，到他們的辦公室拜訪。把討論內容限制在無爭議或簡單的話題上。**如果你不**

擅長閒聊，那就從這三個 W 中的一個開始：天氣（weather）、週末（weekend）或全球（worldwide）議題。通常情況下，一次短暫的拜訪和簡短的交談，可以帶來一次午餐或咖啡聚會，甚至是一個工作專案的合作想法。

雖然面對面的交流是建立人際關係的理想方法，但你也可以利用社群媒體來了解同事。例如，如果你**注意到一位同事在領英或推特上發布了一篇**專業文章或評論，你可以藉由回覆來表現出興趣。這種方法對於害羞的內向者來說很有效，他們寧願從電腦螢幕後面開始與人連結，這往往能為最終面對面的關係奠定基礎，在這種關係中，人們可以繼續最初的線上討論，並形成更有意義的連結。

剛進入新環境的頭幾個月，你的腎上腺素會上升，隨時都保持著高度警戒，但要特別注意不要表現出防禦姿態。相反的，你應該藉由提醒自己過去的成就，以及適應新工作環境需要時間這個事實，來讓恐懼感降到最低。**如果某個同事趾高氣揚或批評你**，即使你覺得受到了傷害，想要報復，也要保持冷靜。深呼吸，要知道這個人並不是真正了解你，那可能只是辦公室內的提醒。不管是什麼原因，過多的揣測，無論多合理，都會使人精神衰弱。重點就是，**認定這些事情是針對你的攻擊還言之過早**，畢竟在這個新環境中，你並不是那麼重要……至少此刻還不是！

在你消化完與這位同事的互動之後，試著去體會其中的幽默。與這位同事保持距離一段時間，**把你的注意力放在那些似乎真心對他們的工作感興趣**，並且想要以同事的身分了解你的人身上。為了你當前和長期的職業發展，你該時時掛在心上的，是專業精神，而不是辦公室陰謀和內心小劇場。專注於你工作中的自豪和滿足感，而不是分心想著人際交往中的失誤，這將有助於減少最初的九十天中，那些不舒服的感覺。積極主動的態度，是邀請同事與你合作的最佳方式。做一個樂觀的人，你就能在同事之間架起一座橋樑。

三、與行政人員建立關係

作為一名新員工，你很自然的會想辦法有效完成任務，向主管和同事展示你的能力。當然，想要給那些評估你表現的人留下好印象，是很正常的事。但是**不要忽視與支援功能的行政人員建立良好關係的重要性**。櫃臺的接待員、行政助理都是很好的夥伴。如果你尊重他們，他們會讓你的工作更輕鬆。

你的主管和同事在管理重大專案及各種日常事務時，都非常依賴行政人員的幫助。此外，這些行政人員站在最前線，觀察你如何進行工作，如何與客戶進行交流，所以若你表現出不專業的跡象，他們也會把對你的印象告訴你的主管。與行政人員建立和諧的關係，他們就會很願意支援你完成工作專案，在重要期限前交付工作。出於同樣的原因，也要對工友、保全和設備維護人員表示善意。

四、與重要人物會面

第一印象就像膠水一樣，會牢牢黏在人的心中。在新職位的第一季中，你的目標是認識高階領導和績優員工，試著安排與這些人的會面，進一步了解他們在公司中的角色。比起第一次見面就是在部門會議或大型活動中，如果你能夠有技巧的事先安排不那麼正式的面對面自我介紹，會比較不令人生畏。要發揮內向者的精神，**在你與任何重要領導人會面之前，準備一些相關的、適當的問題**。

這些預備的日子是很難得的機會，讓你得以運用天生的能力去傾聽和感同身受，去了解那些位階比你高的人，是怎麼達到他們的位置的，以及什麼能激勵和鼓舞他們。記住，如果你還發現彼此有些共同點，就可以進一步促進對話。以下是可以問重要人物的問題（前三個問題，口氣要盡可能客氣）：

- 這個位置的主要功能是什麼？
- 你的主要職責是什麼？
- 你在這家公司任職多久了？
- 你喜歡工作的哪些部分？

- 你面臨的主要挑戰是什麼？
- 你認為公司未來五年的發展方向是什麼？
- 對於如何在這家公司獲得成功，你有什麼建議？

五、認可他人

你剛進入一個新的環境，所以如果你需要說明或指導，你的主管或同事並不會感到驚訝。讓他們知道你想要以正確的方式把事情做對，而當同事或主管回答你的問題或伸出援手時，一定要表達出你真摯的感激之情。畢竟，每個人都希望能因自己的工作做得好而得到認可。如果你對主管領導專案或處理衝突的方式感到佩服，那就讚美他們。同樣的，讓你的同事知道，你從他們處理棘手客戶的耐心和技巧中學到了多少，受到了他們的鼓舞。要明白這些不僅僅是小動作，而是代表你是一個用心也很支持他人的員工，懂得認可讚賞他人的成就。簡而言之，表達感謝是在辦公室建立正向關係的關鍵。

六、注意你的溝通方式

你與他人和諧相處的能力，還有以令人信服的方式表達想法和意見的能力，將影響到你能否成功，以及員工對你的反應。內向的能量其實是一種資產，因為你能仔細聽別人說話，也會先思考之後才開口說話。這些正向的特質可以幫助你與高階領導、同事和顧客建立相互信任的關係。

在最初的幾個月裡，在會議當中發言，或是找個完美時機來表達你的想法，似乎是有風險的。為了組織你的想法，你可以**提前準備一份簡短的議程提綱，或是一份列表，寫上專案或任務的最新狀況**。在重要的員工會議或部門會議之前，把你的想法或疑問都寫進去。在第一次或第二次會議時，你或許還沒有準備好要主動提供資訊或回答問題，但你最終還是需要發表評論或提供意見。當然，你不必當第一個發言的人，在你一頭栽進去之前，仔細聆聽並掌握會議氣氛是非常好的作法。隨著你漸漸認識公司員工，也更加熟悉會議的節奏之後，你會發現參與會議容易多了。

最終，一定會有人問到讓你感到困惑的問題，或者要你提供一些你不確定的資訊。只要記住，沒有人能隨時隨地給出百分之百正確的答案。事後只要你有時間回顧和反思，都可以隨時把你的意見回饋給主管或同事。

在現代的工作場所中，有大量的溝通是透過電子郵件進行的。你現在比以往任何時候都更容易被找到，而且也有更大的壓力，要盡快回應傳訊息給你的人。因為你想在**最初的九十天裡**，給人留下一個好印象，所以**要即時回覆工作相關的郵件**。如今，你需要與之妥善互動的，不只是你所屬的同事圈，你也必須給客戶留下好印象。

你電子郵件和簡訊的內容，最好總是與專業問題有關。注意你的語氣，避免俚語和陳腔濫調，而且**絕對不要用電子郵件或簡訊來解決人際關係或工作衝突**。敏感的問題很容易因用字遣詞被誤解，反而加深彼此的誤會。另外，在網路空間裡，沒有什麼是真正的機密，所以永遠不要使用電子郵件或簡訊討論法律或其他高度敏感的議題。仔細檢查所有訊息的內容，看看是否有拼字和語法錯誤，這是非常重要的，尤其在最初的九十天裡，要展現出細心的能力。

七、評估自己的表現

當你熟悉了工作場所的文化規範和你被委派的職責後，在你工作的最初六十到九十天裡，做一張個人評估單，反映你到目前為止的表現。要誠實，但也要對自己公平。對於你的努力工作要給予讚賞，也要肯定自己撐過了新工作的前幾個月。關注你的強項，以及你如何利用這些強項來支持公司，同時發展你的職涯。衡量你所面臨的最大挑戰，找出滿足這些需求的方法，你可以運用現有的資源，以及有責任心也能支持你的員工。

我發明了SCORE來幫助我的客戶想出一個有組織的方法，評估他們在最初六十到九十天內的表現。SCORE可以幫助你確定你的強項，以及你可以改進的地方。它還可以幫助你為新工作制定一個行動計劃，找出可以利用的機會和現有的資源。回顧一下第二章做過的自我評估表，可以讓你在完成自我評估的過程中，獲得一些額外的見解，從而幫助你得到一個健康的SCORE。具體流程細節如下：

- S（Strengths）**強項**：確定你具備的、支援該職位職責的技術能力和人際互動能力。到目前為止，你取得了哪些對你有利的成就，使你成為公司的得力員工？
- C（Challenges）**挑戰**：列出那些值得你關注的事項，以及培養進一步成功所需的知識。特別注意可能與同事或管理者發生的潛在衝突，以及你對專案或基本職責有哪些擔憂。
- O（Opportunity）**機會**：想想你感興趣的工作專案或任務。你有哪些不斷發展和創新的方法，可以為組織增值，並繼續建立你的個人品牌？
- R（Resources）**資源**：有哪些人或資源可以幫助你取得成功？你如何從特定的高階領導和相關同事的專業知識中受益？在通往成功的道路上，你如何發揮外部專業人脈網絡的作用？你的資料庫需要更新嗎？財務資源呢？你手邊正在進行的專案，是否需要更多資金？
- E（Evaluation）**評估**：總結並評估眼前的哪些事物可以幫助你在新工作中獲得成功。設定優先順序，並制定行動計劃。

讓我們來看看SCORE如何幫助露辛達評估她的表現和面臨的挑戰，並引導她挑選出符合組織使命的專案。露辛達在一家大型零售連鎖企業擔任社區關係主管。在最初的三十天裡，她觀察、提問、承擔基本職責，並弄清楚如何融入新公司的文化。然而，到了要進行某些專案的時候，露辛達卻不知道從哪裡開始，以及如何激勵和管理她的部屬。

露辛達手邊同時有好幾個專案要做，包括贊助市內規模最大的六公里馬拉松、一個員工志工計劃，以及公司的慈善樂捐專案。雖然露辛達性格傾向於保守，但她利用敏銳的觀察力，花了一些時間了解員工，讓她受益匪淺。露辛達很早就發現公司面臨一些士氣問題和專案挑戰。例如，員工志工計劃是一個癥結，因為過去它一直沒有辦成功。還有，雖然該公司偶爾會參與慈善樂捐，但並沒有真正確立的慈善理念或持續的策略計劃。而這些事情激發了她的挑戰意願，但也使她感到很不確定，不知道如何運用她的能量才能發揮最大的功效。

透過SCORE這個方法，露辛達能夠充分利用她的內向能量，來思考這些新挑戰的本質，以及可能的解決方法。她冷靜的發揮有條不紊的思考技巧，設計出一個實際的計劃，能幫助她決定推行哪些專案。制定出合理的策略後，她進入了SCORE的最後階段，也就是開始實施她的行動計劃。

看看露辛達如何拆解SCORE過程中的幾個區塊，並且看看她的強項、挑戰、潛在機會和資源，如何引導她進行前瞻性的評估：

S 強項

- 與公司裡各階層及不同團體的員工建立良好關係。
- 分析性和策略性思考。
- 發展和實施專案。
- 創造和執行新計劃。
- 與媒體合作。
- 創意思考。
- 研究和統合資訊。

C 挑戰

- 從哪裡開始和優先處理的任務。
- 如何激勵員工參加志工計劃。
- 與執行團隊如何規劃與合作，共同制定慈善樂捐策略。
- 管理六公里大型馬拉松。
- 在社區裡建立關係。

O　機會

・員工志工計劃：評估關鍵問題並重建計劃。這將有助於公司的社區形象，並為員工提供有益的經驗，也將提高組織的士氣。

・慈善樂捐的策略計劃：我相信這是工作的核心。我可以幫助公司為這個專案打造一個遠景，使我能夠教育高階管理人員，與他們密切合作，使當地社區受益。

R　資源

・與人脈中的某個同業見面，他在這個領域有豐富的經驗。

・安排時間與公司人力資源和市場部門的領導人見面。

・回顧過去活動和計劃的資料。

・安排與非營利組織領導人會面。

E　評估

在全面評估了我個人的強項和面臨的挑戰後，我確定了兩個專案，不但對公司有利，也能發揮我的才能：

- 外部社區：慈善樂捐計劃。
- 內部團體：員工志工計劃。

我的目標是和我主管開個會，提出一個議題，說明我規劃的專案計劃。為了確保會議能有成效，我將準備一份大綱，引導我與副總的討論流程。

露辛達和她的主管見了面，主管對她這兩個專案的想法很感興趣，但擔心露辛達可能承擔太多壓力，於是建議她把精力集中在慈善樂捐的策略計劃上。他也針對如何與高階行政小組商討構想及訂立策略計劃，提供了寶貴意見。露辛達對她得到的鼓勵感到興奮，並提出定期會面的請求，這樣就能持續從主管那裡得到建議，有助於專案的推行。露辛達如此周全的準備，幫助她獲得了主管的支持，從而有機會進一步參與公司的重大優先專案。

雖然露辛達和她主管的這個例子，有了一個良好的結果，但你很可能會遇到另一種狀況，你的新老闆會有疑慮，不確定你是否已經準備好進行一個專案或承擔重大責任。為了增加你的想法被批准的機會（至少能有一項獲得批准），準備兩到三個可行的選擇去跟主管討論。如果主管完全否定你的想法，或者覺得你現在處理大規模的專案還太早，把沮喪的情緒放在一邊。不要就此放棄，以一種積極正面的態度，處理你手邊的職責，證明你是一個高效能的執行者。繼續收集資料，或閱讀當前的相關趨勢，在往後的某個時刻，以全新的姿態提出你的想法。根據你的職業道德和表現，時間會逐漸為你建立起信任感。而你的額外研究，可能會成為專案需要的堅實資料，為你帶來「好」，而不是「你最好等一等」。

如何應對外向的主管上司

精力充沛、健談、極度投入談話，一個外向的管理者似乎可以壓過你冷靜保守的天性。但是請試著擴展你對外向者的看法，接受你們之間的差異。即使你沒有準備好回應主管的所有談話要點，你的臉部表情和積極傾聽的態度，都應該顯示出你有在注意，並準備好與他合作。如果你在口頭上沒有任何回應，外向者可能會覺得不舒服，誤認為你是冷漠被動的。要記住，外向者傾向於同時說話和思考，而且很容易主動出擊。這些特質都是很有幫助的，因為它們能確保你的問題或擔憂得到實質性的解答。

想要成功的與性格外向的主管共事，就要主動定期向他彙報最新情況，不要等待他來要求你彙報工作進展。另外，避免冗長的郵件，性格外向的上司寧願用說的，也不願回覆你同樣冗長的信件。如果你真的遇到一個外向的管理者，預先準備可以幫助你克服不確定性。提前規劃好你的想法，簡單寫下一些筆記，或提前制定一個議程。對於需要得到他解答的問題，**發問時要直接了當，這樣可以防止你的大腦被主管喋喋不休的廢話搞到當機**，也可以防止你在討論中陷入自己的沉思。經過深思熟慮的評論和問題，會讓主管欣賞你的準備周全。

根據你的舒適程度以及你與新主管的連結程度，你可以分享你內向的一些層面，讓他更加理解你的溝通風格。讓你的主管知道，有的時候你可能看起來很安靜、有點矜持，但這並不表示你對他的話不感興趣。敞開心扉**告訴對方，面對重要的議題時，你傾向於先消化思考**，然後才把它們說出來，而且你會認真、有條理的工作。記住，一個好的管理者也想知道與員工共事的最佳方式。誠實的陳述你的個人風格，可能讓你主管不要過於迫切的要求你立即做出反應，或採取迅速誇張的行動。了解彼此的工作節奏，可以讓關係更融洽，也能讓工作更成功。

零工、獨立和網路工作者

如果你是透過網路工作，那麼想在網路空間裡了解周遭共事者的個性，是很有挑戰性的，而且可能很難與你的主管、同事和客戶建立起穩固的連結。這就是科技加速發展的時代再次抬頭的地方，即使你獨自工作，仍然可以與組織內的人建立融洽的關係，並以有創意的方式，利用無窮無盡的技術觸角，成功的與客戶建立連結。先前提過的七步驟計劃，你可以運用其中的許多建議，來實現這個目標。內向者可能會被獨自工作帶來的平靜、安靜，和孤獨所誘惑，但這種誘惑也會帶來失去聯繫和孤立的潛在陷阱。

手機和電子郵件是很好的管道，可以討論工作相關問題，跟重要的聯絡人保持聯繫。內向者通常比較喜歡面對面的溝通，所以如果你喜歡這種交流方式，可以使用 FaceTime、Skype 來**看到對方的臉，更加清楚你在和誰合作**。即使你不在現場，你也可以透過行動設備，以直接的對話來解決任何衝突或誤解。

我認識一位外包工作者，他和其他的外包工作者一起建立了一個名為「辦公時間」的網路群組。他們幾乎每週在網上見面一次到兩次，因此，雖然他們身在不同的地方，但他們與彼此一起工作聊天，試圖複製面對面的辦公室體驗。

坎德菈是一位平面設計師，在一家小型廣告公司任職，雖然該公司有許多正面的條件，但沒有提供晉升機會，或參與大型專案的機會。這些沒有出路的現實，促使坎德菈去尋找更具挑戰性的職位，她很快在一家大型廣告公司找到了一份資深平面設計師的工作。

在最初的樂觀和興奮消逝之後，適應新公司文化的各種障礙，以及為《財富》五百強（Fortune 500）客戶設計專案的艱鉅任務，讓她感到洩氣。當坎德菈聯繫我尋求建議的時候，她深信自己已經搖搖欲墜，不可能在大舞臺上發光發亮了。

我的第一步是幫助坎德菈認識到，在這樣的過渡時期，有點焦慮和不確定性是正常的。坎德菈應該享受慢下來的奢侈，讓時間發揮它的魔力，然後在這條非常新的道路上循序漸進。為了重建她的信心，我們把討論的焦點轉移到她過去的成就上。然後我們想出了一個策略，而且並能在新的工作環境中更自在。

坎德菈在大學時得過一個設計獎，最近又獲得了美國平面設計協會頒發的一個國家級獎項。為了客觀看待她目前的情況，我們還回顧她與前雇主的關係。坎德菈說，她與同事相處融洽，而且客戶經常會要求她繼續參與新專案。

當前的挑戰

為了適應快節奏、外向的文化，她不得不在擁抱自己的內向風格的同時，也運用一些外向風格。公司的會議讓坎德菈感覺手足無措，她感覺自己無法在與同事和高階主管的會議裡，貢獻或提出任何想法。前幾次的會議給了她一種不屬於這裡的感覺，讓她感到氣餒、不知所措。

我建議坎德菈，**剛就任還不要太擔心發表意見**這件事。相對的，她應該運用自己的內向風格，來提出相關的問題，這將有助於她理解被分派執行的專案目標和基本問題。**透過提問，她就能在會議中開口，展現出她的參與程度**。

在接下來的會議中，坎德菈積極傾聽，並將她想到的相關問題，帶到一個新客戶專案的討論會議中。這個練習讓她更了解專案的需求和目標。會後，坎德菈對專案進行檢討，並提出一個設計概念。她把設計展示給主管看，主管予以肯定，讓坎德菈在下次員工會議上展示她的設計。然而，坎德菈想到要向員工做如此大膽的報告時，又產生了另外一股焦慮感。

為了減輕她的焦慮，我要求坎德菈想想她的同事，根據她迄今為止對他們這些人，以及對客戶目標的理解，來調整她的演說風格。坎德菈想出了一個有創意的數位演說方法，講述了一個關於這項設計的故事，她相信這個故事會吸引客戶。我還鼓勵坎德菈列出一個簡短的要點列表，如果她在報告時思緒混亂，可以參考這些要點。雖然她一開始很緊張，但她的報告非常成功，她得到了員工給予的積極回饋和讚美。

這個初期的勝利，代表著她在鞏固與主管和同事的良好關係中，邁出了重要的一步。為了達到這個目標，坎德菈在鍛鍊外向技能的同時，也發揮了她的內向優勢，比如透過提問，來表現對員工會議的興趣。這些技能使她能夠承擔合理的風險，最終獲得顯著的回報。

第九章
別指望主管主動賞識，你能低調但眾人皆知

你有能力勝任你的工作，但要確保你不是躲在自己的角落裡辛苦工作。反思這種特質，在很多情況下都是一種優勢，但在職涯中，躲進自己的內在世界就錯了。**別以為忙碌的同事和主管會主動肯定你的出色工作，不好意思與上司或同事討論工作問題，也對你不利。一定要讓自己成為眾人皆知的人物**，否則你可能會失去應得的認可及升職和加薪的機會。

波動性和變化是當前瞬息萬變的職場標誌。在這個快速發展的環境中，內向者需要做出大量的努力，超越他們保守的天性，抓住機會站起來、為人重視。當涉及到重要的問題，以及為了發揚公司宗旨，需要發展概念和想法時，你其實可以做出很多貢獻。要做到這一點，你可以運用一些比較舒適的方法，在你的個性範圍內，提升你的才華和技能，同時挑戰自己多開口說話。

在這一章中會介紹一些工具和技巧，它們能增強你的洞察力，幫助你提升職涯，同時還會告訴你一些小訣竅，提高你的溝通技巧和積極度，讓你得到同事和主管的注意與讚賞。

在你的事業運行起來之後，你仍然可以加強某些領域，鞏固你的地位，比如設定短期目標、把你的才能發揮到淋漓盡致。如果可能的話，建議你繼續接受教育和培訓，維持一個強大的人脈網絡，並隨時更新你的履歷和領英資料。

有目標，才有往前走的意義

就像生命中的各方面一樣，你不可能確切的預測出職業將會如何發展。但是對於你想做什麼、最後想要成為什麼，若能有些清晰的想法，就可以增加到達目的地的可能性。

許多因素都會影響你的職業命運，像是你現在的處境——無論你是正在做第一份工作，還是已經達到高階管理者的程度。生活方式的問題也會影響你的職業方向，比如為人父母、健康或經濟需求。當你釐清事情的輕重緩急後，把白日夢和思考長期目標的邏輯結合起來。從一個宏大的願景開始，然後將其細化為更實際的目標。

透過啟動你的個人GPS，你可以對自己的職業有一些控制，也能鳥瞰未來的模樣，幫助你繪製出可能的職業里程碑，以及可實現的目標。

你可能想成為一名經理人，或渴望晉升到高階管理層，也或許你有勇氣考慮離開目前受人聘雇的職涯，出去創業。若你決定離開，進入一個全新的領域，你需要獲得相關的新資訊，或取得特定的教育學位。即使你想留在原來的領域，也是需要擴大知識基礎。

無論你的長期計劃是什麼，為了避免產生沮喪和困惑的感覺，可以把大的目標分解成一些小的、可實現的目標。這麼做還有助於在過程中建立可管理的目標。例如，如果你的目標是晉升到更高的職位，你可以在接下來的專案中擔任帶領者，或者在專業大型會議上舉辦研討會，來展示你的專業技能。這些都是可以展現能力的專業活動，同時提供你必須的經驗和技能，以提升你的職位。

內向者是深度思考者，所以運用這種能力來列出計劃，以實現你的目標。這對內向者來說是一種完美的練習，這個過程已經被證實，可以將你的任務堅定的牢記在心中，增加完成目標的機會。

在加州多明尼克大學（Dominican University）任職的心理學教授蓋兒・馬修斯（Gail Matthews），對二百六十七名不同職業背景的人，進行了一項關於寫下目標的研究。她將樣本分為兩組：對於他們的目標，一組只用想的，而另一組將目標寫下來。研究發現，比起沒有寫下目標的人，那些把目標寫下來的人，成功實現目標的比例高很多[24]。

---

24 Gail Matthews. “*Study on Setting and Writing Goals*,” Dominican University of California. January 2015.

在你寫字的時候，就是在發送活躍的信號給大腦左半球（邏輯所在的一側）。因此，你的意識傾向於認為這些話是「刻在石頭上的」，並認真記下你完成它們的意圖。為了幫忙刺激你的大腦，並堅守你的目標，請使用下面的架構來組織和規劃短期目標：

- 具體的短期目標：你的目標和你想要達成的結果。
- 時間線：實現目標的大致時間範圍或最後期限。
- 行動：你需要做什麼來完成目標。
- 衡量：你將如何衡量你的成功。
- 評估：哪些行動有效，哪些需要修正。

查爾斯是一名 IT 專案經理，他的職業理想是晉升到更高的職位。為了展現他的準備程度和能力都已經達到更高的層次，查理斯把「提高領導能力」當作短期目標。他的目標計劃工作表詳見左頁。

查爾斯成功達成了大部分的短期目標，因為在帶領實習生和培訓新員工辦公技術方面，他收到了很多正面的意見回饋。他利用自己內向的能量去提問，去了解他的實習生，而新進員工感覺到查爾斯很用心幫助他們學習辦公室的電腦程式。此外，主管對查爾斯在她休

目標計劃工作表：

具體目標：
加強領導能力。
時間線：
一整年，在前六個月進行審視，後六個月進行跟進。
行動：
與主管會面，一起審視行動並獲得支持。
培訓和帶領暑期實習生：設計實習方向，同時集結和提供任務和資源清單。
對部門新員工進行資料庫和電腦程式的培訓。
領導人工智慧創新趨勢會議：進行報告。
當經理休假時，做她的職責代理人。
申請並參加內部領導培訓計劃。
衡量：
請實習生和新員工針對他們的培訓經驗提供意見回饋。
使用匿名評估表對員工進行調查，請他們回應有關人工智慧新趨勢的正式報告。
確保經理對領導技能的評估。
運用和評估來自領導力培訓專案的新知識和技能。
評估：
從主管和同事那裡得到了關於辦公室技術培訓的正面意見回饋，在經理休假期間代為處理職責，也得到了好評。
根據團隊的意見回饋，關於報告的呈現方式還需要改進，要有更多的口頭解釋，減少對投影片的依賴。
根據主管的建議，需要繼續提升領導能力，並且熟悉公司的年度報告。

假期間代理她的工作，也表示讚賞。然而，參加他演講的工作人員報告說，查爾斯在演講中過於依賴投影片，因此，在往後的演講報告中，查爾斯將更努力提升他的公開演講技巧。

總體來說，查爾斯成功的培養出他的領導才能。最終，他的公司沒有提供更高級別的職位，但他收到另一家聲譽良好的公司所提供優秀職缺，請他擔任高階專案經理，他將管理一個六人團隊，並承擔一些令人興奮與具挑戰性的專案。

確保你職涯起飛的最可靠的方法之一，是確保你的工作是你才能的自然出口，你的才能和熱情，應該與組織的需要一致。內向者在任何工作場所都能茁壯成長，但前提是他們要與時俱進。選擇一個能夠為你的專業形象增值的概念或想法，並主動積極的將其整合到工作的各個方面中。收集最新的資訊，盡量發展這個概念，並把它做成一個完整的提案，提交給你的主管或同事。

蘇珊娜就是一個完美的例子。她是一位心理學家，專門研究患有創傷後壓力症候群的退伍軍人。身為一位有創意的思考者和作者，蘇珊娜喜歡學習與應用新療法和創新技術，從而改變一個人的生活。她最近參加了一個相關的研討會，這種效果顯著的新方法鼓舞了她。蘇珊娜利用這種治療方法，為她的機構創建了一個治療新專案，不僅得到了主任的關注，也得到了專業協會和網路上其他心理學家的關注。她成功的消息傳遍全國，《今日心理學》（*Psychology Today*）雜誌主動聯絡她，請她撰寫關於退伍軍人和創傷後壓力症候群的每月線上專欄。她對學習的熱情和寫作的天賦，加上她的實際行動，使她獲得了認可與令人興奮的新機會。

工作場所是解決那些未解決問題的好地方。幸運的是，**內向者天生喜歡深思熟慮的觀察，這種特質很適合找出漏洞和缺陷**，並想出有創意又有成效的解決方案。

運用這種解決問題的態度，**即使只是處理掉一個小問題，也會提升你在雇主和同事眼中的價值**。我最近和一位年輕專業人士一起工作，他親身體驗了這一點。他在一家會計公司實習時，注意到文件轉移的過程中，浪費了很多紙張。經過一些額外的觀察和仔細的評估後，他確認公司完全不需要用到那麼大量的紙張數量，並找到了一個替代方法來完成工作，同時降低資源浪費。這間公司採納了他的建議，而且非常欣賞這位實習生為公司節省金錢和時間的能力。最重要的是，雇主發現了他的潛力，聘請他做全職工作。

這個故事要告訴你的是：挖掘你的本性，去注意你周圍發生的行為與互動，無論是在辦公室還是網路世界中。傾聽和觀察是你的強項，可以幫助你發現別人在匆忙中忽略的問題。進一步提出建設性解決方案，將使工作環境活躍起來，並帶來實質性的回報。

為雇主節省時間和金錢肯定會為你贏得掌聲，但發現讓工作場所更和諧的方法，會讓你贏得全場的起立喝采。如果你注意到誤會或人際互動衝突的跡象，要有勇氣指出來。然後，委婉的提出一些可以強化工作關係的方法，**使辦公室成為一個更互助合作的地方**。

瑪麗安娜就是這樣的例子，她是一名醫療銷售人員，她觀察到同事之間有一些隔閡，部分原因是他們的工作需要經常出差。透過與同事們的交談，瑪麗安娜發現這些員工感到孤立無援，尤其是缺乏與彼此建立連結的機會，難以培養出互助的人脈網絡。瑪麗安娜發現這並不是個人問題，在同事之間是很普遍的現象，於是她向經理描述了她的發現，並提出一個可以進一步強化溝通和增加士氣的方案。她把銷售代表之間普遍存在這種狀況的清晰證據收集起來，帶到副總的面前，同時提出解決方案。過沒多久，公司讓瑪麗安娜去設計和帶領團隊籌備研討會，從而使員工更敬業投入，團隊導向的績效也明顯提高了。

在這個高期望、看重結果的工作時代，在一個專案成功後，就滿足於既有的成就，或坐在辦公桌前沾沾自喜的期待升職，無疑是一種坐以待斃的行為。藉由不斷學習以及持續堅定的努力來提高你的技能，是擁有個人辦公室的關鍵。因此，**無論是使用正式或非正式的方式，務必努力跟上最新的資訊和技術。否則，無論你多麼努力工作，或者你曾經完成過什麼，你都會被淘汰**。

不要因為你對電腦培訓不是特別感興趣，就不去學習一個可以提高效率的新資料庫。某個培訓計劃可能並不吸引你，甚至可能讓你感到膽怯，但無論如何還是去報名參加。如果你是一名創業者，你可能會受益於學習最新科技，這些技術很有可能吸引更多客戶，或提供管理企業的更好方法。

充分利用公司培訓部門提供內部員工的機會。這不會花你一毛錢，卻能讓你成為一名積極進取的員工，並擁有無價的能力。你也可以藉由閱讀產業或專業雜誌，以及像《華爾街日報》這樣的主流出版物，來增長你的知識。

確保你的選擇符合你的職業目標，你可能還想要報名一種學程，或取得一個學位或證書。這些教育方面的優勢，會讓你在工作中有個堅實的基礎，也會加速你攀上更高的專業水準，或打開通往全新職業領域的大門。

隨時尋找機會增加你的專業知識，如研討會、專案會議。當你的工作時間緊湊或家庭生活忙碌的時候，線上學習就是累積知識的絕佳方法。利用各種方法來提振你的士氣，讓你更聰明的工作，是有很多好處的，除了能幫助你鍛鍊大腦肌肉，它們還能增加你的市場價值。學習掌握相關的最新知識，會增加你的自尊，讓你更有理由自信的前進。

辨識並訪問你所處行業的思想領袖，就是朝著正確方向邁出一大步，但這與建立可帶來新機會的人脈，不一定是同一回事。獲得一個支持你的導師，當然是很棒的結果，但是你的主要目標是獲得幫助你專業成長的洞察力和智慧。不要以為這些產業領袖都忙到沒時間說話，拋開任何可能導致你害羞、緊張或膽怯的猶豫思緒，要知道，這些「領導者」並不是突然就神奇的獲得了權威地位。通常，他們都喜歡分享經驗和成功教會他們的東西。很有可能，他們獲得這些成功，也是因為其他領袖和專家在他們的職業道路上充當了他們的導師。

記住，你的目標不是要找一份新工作，而是能向專家學到什麼方法，讓你擴展和鼓勵你自己的事業。**要尋找這樣的領導人，你可以使用領英、透過引薦、利用校友網路，或參加某個活動**，這些領導人通常會對一個小團體發言，或按計劃發表演講。

跳出框架思考可能是有風險的，但有的時候，拓展自己可以帶來豐厚的回報。我的客戶莎娜是一位文靜的金融專業人士，她在當地的商業雜誌上讀到一篇文章，關於一家小型投資管理公司首席財務長。文章裡強調該公司的技術創新，以及該公司的財富計劃被列為領先的財富管理解決方案。文中還提到首席財務長是如何幫助兩家銀行，完成一項複雜的合併計劃。我鼓勵莎娜聯繫他，所以她抓住機會透過領英發了一條訊息給他，問他是否願意撥個方便的時間和日期見面，希望能對他的職涯道路有更多的了解。莎娜原本以為自己永遠不會收到回覆，所以當她收到一個善意的回覆時，感到非常驚喜。

聯繫他的確是很冒險，因為她的請求很容易被拒絕，但就算如此，又有什麼損失呢？只要採取行動，就有可能得到一切，就算在最壞的情況下，也只是受到輕微的怠慢，然後她就能轉向B計劃、C計劃。

對於內向者來說，直接與個人的會面非常有效，因為你是一對一交流中的明星，不需要和一群人爭奪領導人的注意力。在這種個人形式的會面中，你可以預先深入研究這位產業領導者的歷史、背景，來表現出你真心的興趣——而且，這正符合你的內向者特質。另外，你將在內向者的地盤上做這件事，寧靜的氛圍能夠產生更深層次的連結。然而，如果由於時間或地理位置的因素，無法面對面交流，也不要迴避通電話。

可以詢問專家的問題

- 誰對你的領導風格或職涯影響最大？
- 你如何促進創意思考和想法？
- 你如何保持員工的積極性？
- 作為組織的領導者，你做過哪些最重要的決定？
- 你認為領導者失敗的原因有哪些？
- 如果你有兩個同樣符合條件的候選人，你如何決定聘用哪一個？
- 在這個領域或行業成功的關鍵是什麼？
- 你如何維持專業方面的成長？

加強關係的四招

在第五章中，我們討論過建立人際網絡的方法。如果你想在職涯中茁壯成長，那就把人際網絡提升一個層次。就算你的性格是內斂敏感的，內向者依然可以找到許多有創意又舒適的方法，來建立和維持健康的職業人脈。把這種專業關係看作是加速事業發展的燃料，確保你不會在職涯的關鍵時刻，才發現自己的油箱是空的。

一、午餐：午餐的時間走出公司或家庭辦公室，可以讓你頭腦清醒、精神振奮，同時也為你創造了理想的機會，可以和同事或上司建立更有效的一對一工作關係。工作中總會遇到困難時刻，但是不要過於沉浸在負面狀態中，以致於沒心思安排每個月一到兩次，與同事或導師共進午餐的時間。你那內向的舒適圈是個誘人的地方，所以定期走出它，更是一個你應該認真對待的舉動。把自己從那個安全的地方拉出來，和那些你不太了解、但會很樂意去認識的人，或者因為了解更深入而有所收穫的人，一起出去吃頓飯。記住，在培養人際關係時，面對面是最好的方式，而且這通常也是你的長處。

二、顧問小組：你可以考慮組一個自己的顧問小組，這些成員可以幫助你評估自己在職涯中的位置。定期跟這個小組中的同儕和領導人進行交流，可以提振自己的士氣，如果這個小組可以給你客觀的建議，在專業上指導和支持你，幫助就更大了。你的小組成員可以包括現任或前任老闆或導師，以及因為他們的知識和經驗，而被提升到更高階級的同事。當你想要啟動你的職涯，尋找新機會的建議和方向時，這樣的專業人士就會是很有價值的參考對象。把這個機制看作是一個氣壓計，它可以反映你的表現如何，在你沒有達到目標時提醒你，並對你的潛力和未來目標提供誠實的評估。

三、保持聯絡：與你的重要人脈保持聯絡是很重要的。想想看，如果你面臨突然的裁員，或下定決心要找一份新工作，他們的意見和建議能給你多大的支持。你的人際網絡中，至少要有三名願意做你推薦人的高階連絡人，而且你相信他們會替你提供有利的推薦內容。如果你是一份新工作的最終候選人或正在攻讀高等學位的人，需要提供一些既熟悉你的工作狀況，也能證明你是最佳候選人的推薦人時，這些名單就會很有用。

四、回饋：在你繼續建立人脈的同時，也要考慮一下**你可以回報的方式**。當你的某個連絡人正在找工作，或面臨十字路口需要指導的時候，給他一些同樣有價值的建議和引導。或是讓他連結到可以支援目標的資源，來拯救他們。

對於那些正在與棘手的客戶打交道，或需要幫助解決組織問題的同事來說，如果你能提供一個富有專業知識的連絡人，來幫忙解決他們的問題，你可能就是他們的大恩人。即使你沒有親自聯繫對方，也可以藉由電子郵件或領英等科技，來提供必要的資訊。

你的履歷應該定期更新，隨時準備採取行動。這可能看起來很平凡，但我曾與許多客戶合作過，他們的履歷已經不再反映出他們目前是何等專業人士。儘管在過去的三到五年中，他們的工作都很出色，但他們卻忘了更新自己的履歷，反映自己是如何與時俱進。為了避免以後不得不重新建構這些內容（而且經常在重做的過程中遺漏重要的元素），請隨時保持一個重要專案的清單，記錄你取得的成就、技能和結果。

每隔六個月到一年，就更新你的履歷，讓它展現出你已經成為的專業人士真實形象。對待你的領英檔案也是如此。你現在投入的時間，將會為以後節省大量的工作。然後，當一個新的機會出現時，你就不必瘋狂的去收集你的歷史碎片。你的履歷將會是最新的狀態，讓你能夠馬上採取行動。

開口說話的黃金三法則

職場是一個外向的地方，在會議和公司活動中，人們需要聲音來表達自己的觀點和建議。或許你現在身處的位置，就需要做正式的報告，或是做長時間的公共演講，比如工作坊或研討會。只要運用你內向性格中已經很熟悉的特質，再加上一些受用的外向技能，這些都是可以輕鬆達成的。

大多數內向者都學會面對了這樣的事實：事業上的成功包括與他人交流和建立關係。而如果沒有站起來為自己發聲、被別人傾聽，這是不可能實現的。好消息是，你可以在不放棄自己的內向能量、拋棄你的風格，或沉溺到悲觀主義的情況下獲得成功。

我提出的三條原則很容易遵守，也很容易應用。隨著時間過去，它們會建立起你的信心，這可以幫助你消除焦慮，引導你在個人和小組會議上發揮自己的力量。因此，你會意識到你能做出很重要的貢獻，無論在組織內部還是客戶面前，你的確都是一股強大的力量。

一、反思：**思考的時間，是發展想法和解決問題的有力因素**。你的天性就是安靜的打開全新發想的大門，有條不紊的研究與修補，直到找出解決方案為止。

二、準備：**提前組織好你的想法或問題**。當你把東西寫下來時，它有助於啟動大腦的突觸，所以列出一些相關的想法，或做一張重點清單，來代表你想要表達的觀點。如果你即將在一個正式的場合中發表報告，你依然可以運用這個方法來列大綱，記下你想要表達什麼，並確保觀眾能收到清晰的資訊。在大多數情況下，你可以把你的想法和問題記下，這些都是可以幫助你保持專注、切中重點的好幫手。提前準備可以增強自信，幫助你避免被周圍那些外向、讓人頭暈目眩的能量分散注意力。

三、**排練**：這並不見得會是一項艱鉅又耗時的任務。在一個安靜放鬆的地方，複習幾次筆記也許就足夠了。如果你因為會議或活動特別重要，或是你將站在一大群人面前，而感到格外緊張，那麼在你練習的時候，找一個同事或信任的朋友，來提供支持和意見回饋。如果你仍然無法完全放心，可以使用創造性想像或靜心技巧，讓你冷靜下來。

即使事先做了計劃，你可能仍然會因為會議室裡的自大狂而說不出話，但有時，低語比吼叫更有影響力。學會**使用我所說的「巧妙插話」，這樣你就不會在人群中淹沒**。你可以不帶任何冒犯的意思，委婉的插話：「不好意思，你剛才說的話，讓我想到一個解決問題的新想法。」你也可以加上一句：「這是一個很好的討論，但在我們繼續之前，我想先就市場調查部分，做個快速的報告。」

如果有人提出的想法或解決方案，正好與你想說的內容一致，你就可以提供支持，例如：「這是個好主意，我們還可以增加……。」這樣一來，**你的「插嘴」將會是非常受歡迎的，因為你能夠肯定發言者的想法或評論**，同時提出你對這個議題的原創想法。

你的工作內容中，可能會需要規劃研討會或網路會議，在面對有重要聽眾的重大演講時，幾乎每個人都會有表演焦慮的感覺。刻板印象中總有一些迷思，其中一個很大的迷思就是，內向者不擅長公開演講。然而，正是因為你熱愛仔細、有條理的思考，才能產生獨特的內容和富有洞察力、且經過充分研究的報告。**如果你沒有什麼上臺的經驗，就需要把更多的心思放在法則三：「排練」**。

消除演講焦慮的技巧

試圖忽視你的緊張情緒，只會讓它失控，而且無論你怎麼否認這些跡象，你的身體都會做出反應。所以，去辨識並承認你的各種感覺：焦慮讓各種警告信號湧進你的大腦，而你的身體分泌激素，提高了心跳和血壓。當你焦慮不安、憂心忡忡時，你的身體會做出許多反應，像是胃抽筋、呼吸急促、雙手顫抖或聲音發顫。接受並注意到你的情緒狀態，這是將負面預期轉變為正確看法，並且控制恐懼的第一步。信不信由你，恐懼也有正向的一面。在它給身體施壓的過程中，恐懼也帶來了一種能量，你可以在公開演講的場合充分利用它，或是以下技巧：

- 遵循先前三條開口說話黃金法則，但是要多花點時間在第三條上：排練你的演講。
- **在練習的過程中，要讓聲音投射出去**。如果你說得太快，要控制住自己。
- 了解你的聽眾。確保你與組織的連絡人在主題和演說時間上是有共識的。
- 正向思考。預期自己能成功與觀眾互動。
- 在演講前一天花點時間做有氧運動，可以減少五〇%的腎上腺素值和焦慮感。
- 提早到場**檢查設備**，包括講臺、麥克風和其他視聽設備。

- 使用減少焦慮的技巧，**如深呼吸或運動**。
- 把焦慮症狀看作是興奮的象徵，而不是失敗的前兆。
- **把筆記或演講稿放在手邊**，以免在報告過程中忘記了思路。
- 使用一些工具來打破偶爾單調的口頭陳述，比如投影片、小短片和講義。轉移聽眾的注意力，就能減少他們放在你個人身上的注意力。
- 帶水。如果你的聲音變乾了，會需要潤滑一下你的喉嚨。
- **看看觀眾中一些友善的面孔**。大多數時候，聽眾希望你成功，並且站在你這一邊。

如果你有一些不好的經歷，不要氣餒，沒有人每次都能得到起立鼓掌。評估問題所在，並找到解決問題的方法。有一次，我在一個研討會中，向五十名聽眾介紹法律相關的職業，突然我有點頭暈，無法集中思緒。房間裡的溫度很暖和，但我可能**經歷了輕微的恐慌發作**。我告訴大家我有點頭暈，需要離開一會兒去喝點水。房間外有個飲水機，我喝了大量的水，並說服自己完成演講。做了幾次深呼吸後，我回到房間裡，裡面都是非常支持我的人，我完成了演講，甚至在演講結束後得到一些讚揚。

回想起當時發生的事，我意識到我是承受了很大的壓力，加上房間裡的通風不良，當時說話速度又太快，全都加劇我的生理和心理反應。現在每次演講前，我都會確保自己找到放鬆和減壓的方法。

沒有什麼能勝過經驗。你可以藉由參加更多的公開演講活動，來幫助自己減輕恐懼。如果你真的非常困擾，或想要在觀眾面前提升你的演講技巧，可以考慮去上演講的課程。許多大學都有提供無學分、價格實惠的公開演講課程。另外，國際演講協會（Toastmasters International）這個非營利組織有著悠久歷史與豐富經驗，專門幫助專業人士成為有吸引力的講者。

隨著你逐漸建立自信，把這項技能擴展到與主管、團隊的溝通中，讓他們了解你的專案狀態，以及你已經達成的成果。雖然內向者通常比較喜歡自己思考問題，但不要讓這個習慣妨礙你向主管或高階領導尋求支持和建議，這是他們的工作，而且如果你讓他們了解你遇到的障礙和潛在問題，將能避免衝突和誤解。

可見度還表示推銷你的成就，以確保你的主管和同事有看到你在工作如何出類拔萃。這些資訊也會讓他們知道，如何更妥善的運用你的獨特技能。不管你怎麼想，你那謙遜的特質在工作場所並不是個優點。**當你的專案得到了成功的結果**，或者你帶來了一個新概念或創新想法，**要確保每個與你密切合作的人都知道。你不必發表公開聲明，只要發一封電子郵件**給特定的收件人，或詢問主管的意見，看看推銷你成就的最佳方式是什麼。同樣的，當你因為一項成就而**被表揚時，不要用「這沒那麼難」或「真的沒那麼重要」之類的話**，來貶低自己的努力和成果，只要說一句簡單的「謝謝」就可以了。

雖然內向者可以成為強大的合作者和優秀的團隊成員，但如果你對團隊專案做出了重要貢獻，一定要讚賞自己。以你那自然、低調的方式，你可以突顯自己的成就，也不會掩蓋掉其他人的努力。

此外，也要讓你寬廣的職業人脈知道，你在工作中取得的任何令人印象深刻的成果。再說一遍，你不必當面吹噓。使用社群媒體，或用電子郵件發通知給你的聯絡人，讓他們知道你發表了一篇文章、贏得了一個獎項，或在工作中取得了一些獨特的成就。

想生存？你得學會八個關鍵

展望未來，很難說明天的職場會變成什麼模樣。因此，如何在你的職涯中進步，主要取決於你的適應意願。

你無法擊退未來。你的職涯能否繼續，將取決於你是否有能力和意願接受當今職場的快速變化。裁員會發生，意想不到的解僱會發生，組織也會修改和變形，你的工作內容可能會像變色龍一樣變化，你換工作可能會像衣服換季一樣，組織內的管理者也可能會來來去去。無論你是創業者，還是為一家新創公司工作，都無法擺脫這種不可避免的變化。就像鯊魚要持續移動一樣，企業也必須不斷移動，才能夠保持生存，在擴張和成長的同時，迅速的轉變。**如果你堅守以下的生存關鍵，無論環境變化多快速，你的職涯仍能屹立不搖：**

一、為工作場所帶來創新方法和新想法：

- 你擁有什麼別人沒有的知識？
- 你有什麼獨特或不尋常的見解？
- 你的想像力把你帶到哪裡？

二、找出一種可能影響你部門和組織的新興趨勢：閱讀專業期刊和出版物，參加研討會和小組討論，並閱讀提供新興理論和思想的書籍。

三、適當冒險：嘗試某些看起來有一點點嚇人的事情。如果你目前的工作環境存在著一些衝突，嘗試一個新的方法或調整你的策略。不要因為以前的方法熟悉又舒適，就固守成規而不改變。

四、從全球的角度思考，以跟上瞬息萬變的世界：確定全球化的主要趨勢，以及它如何影響市場和職業機會。去注意以下這些會導致目前工作環境變化的全球趨勢：

- 企業世界正在萎縮。
- 工作越來越以專案為基礎。
- 競爭性高。
- 概念技能的需求增加。
- 許多工作是因需求未得到滿足而創造出來的。

五、對職涯進行自我指導：不要期望任何人看到你的未來，並給你一個未來職業生涯的神奇願景。在公司合併或重組的崎嶇道路上，永遠要做自己最佳的領導者，絕對不要期望你的雇主會像個仁慈的叔叔一樣護著你。簡而言之，掌控自己的職業方向。

六、保持對公司的了解：對整個組織裡發生的事情有所了解。仔細傾聽和觀察，充分理解企業文化和行為規範，比如公司是怎麼興旺發達的、它在哪方面搖搖欲墜、誰的聲勢在上升或下降。然後，找到最適合的方式，在不損害自己身分的前提下，融入公司文化。

七、保持科技領先：不要變成一隻學不會新把戲的老狗，保持靈活性、注意當前的趨勢，並對電腦科技保持敏銳度。科技的發展持續加速中，而且不斷推動工作場所的動盪和變化。除非你跟上時代，並確保你在科技方面夠敏捷，否則你就會有變得無關緊要和可有可無的危險。不要害怕科技，把它當作一個盟友來擁抱它，在你提高知識、成功完成那些可以帶來職業發展的任務之際，它就是你的得力助手。

八、專精於你的工作：希望自己在工作場所的所有方面都成為主角，是很不現實的期望。然而，你的努力、投入和成果，應該要展現給管理層和同事看，證明你是一個重要的貢獻者。想要讓自己成功，除了建立人際關係、有效的口頭和書面溝通之外，你也必須同時展示出，你能夠熟練又有信心的掌握主要任務與職責。

照顧好自己

正如你所知道的，內向者不可能百分之百的「開啟」，在重新投入日常生活和工作的壓力之前，你需要時間來恢復精力。想要保持健康的工作生活平衡，以及提高整體生活品質，關鍵就在於利用一些時間來充電。

暢銷書《安靜，就是力量》（*Quiet*）的作者蘇珊・坎恩（Susan Cain）發明了「修復性的避風港」（restorative niches）這個詞，意思是「當你想回到真實的自我時，就去的地方」[25]。工作的時候，**當你在發言或與同事互動時，所付出的所有精力和努力，都很容易耗盡內向者的能量**。給自己充電，**在一天當中，找個安靜的地方獨處**，這樣你就能找回自我。關上辦公室的門一會兒，在午餐或其他休息時間散散步，或是在辦公室外面找個安靜的走廊，讓自己放鬆一下。

如果你在家工作，發現自己整個早上都在和客戶通電話、發郵件，那就在一天當中，休息個幾次，清理一下辦公桌、去一下雜貨店，或是在家裡或公寓裡找個安靜的地方坐一會兒。有的時候，工作需要你一整天都「開啟」，而你的恢復性的缺口可能只是在一整天的稍晚，待在家裡看電視或在臥室看書。

在當前的經濟形勢下，雇主們面臨著高需求的生產，他們希望員工們能夠拿出強而有力、可衡量的成果。手機、電子郵件和簡訊全都在加速工作，製造出需要立即得到回應的客戶。有了這麼多外部壓力，你可能必須工作得更久、更努力，還有慢慢變成工作狂的有毒危險狀態。

內向者有過度擴張自己的風險，因為他們比較喜歡待在幕後，使用科技產品進行溝通。當挑戰出現時，你可能會有一種天生的厭惡感，不願馬上直接面對它們，而是在下班後發訊息或電子郵件，試圖迫使問題得到解決。

為了改掉這個習慣，你可以在**晚餐前或傍晚的時候就關掉電腦和手機。否則，你會發現自己下班後依然漂浮在網路空間，失去更多與朋友和家人相處的時間**。面對這樣一個事實：你辦公桌上的案子永遠不會完全清乾淨，這就是為什麼它稱之為「工作」。所以，除非手邊有真的很緊急、無論如何都不能不管的事情，否則就給自己一個鍛鍊「不同肌肉」的機會。為嗜好和個人興趣騰出時間，可以重新分配你的精力，而且你在辦公室裡也會更快樂、更有效率。

工作可以是一種充滿活力和力量的方式，讓你展現你的才華、顯示你的技能，並產生一些影響。但是不要讓工作控制你的全部，否則你就會錯過生活中的美好。

---

25 Susan Cain. *Quiet: The Power of Introverts in a World that Can't Stop Talking*. New York: Crown Publishing, 2012.

後記
沒有人能埋沒你

我寫這本書的目的，是幫助你發現自己的天賦和技能，然後把它們推銷給雇主，這樣你就能掌控自己的職涯，無論是現在或未來。雖然我列出了具體的指導方針和步驟，但請記住，職業發展不會總是一帆風順的。找工作和職業進展，都需要你承擔風險、擴展技能、從錯誤中學習，同時接受就業市場和工作場所不可預測的本質。這條路可能充滿恐懼、懷疑，但不要把挫折當成是針對自己的，因為這是內向者的普遍傾向。要記住，這段旅程最終會帶來個人的成長和回報。

在面對自己的挑戰之後，我發現我的內向性格在很多方面，能給生活和工作帶來價值，這讓我一直很安心。我並沒有因為偶爾避開一些場合，或沒有拚命提升自己而感到自卑，我對自己內向性格中安靜的反思特質感到平靜。與此同時，對於自己**學習一些外向特質所獲得的益處，也令我感到驚喜**，比如建立新鮮而嶄新的人際關係、參加公開演講等。

如果有人在我職涯的早期，就把我從自我封閉的傾向中哄出來，事情可能會容易一些。但是，我最終發現了自己的人生道路：幫助客戶建立自信，並充分發揮他們的潛力。我從中得到的豐富經驗，遠遠蓋過了我對未能抓住機會的遺憾。

在幫助人們接受和適應生活中不可避免的變化方面，已經有很多著作都提過韌性和希望能帶來的作用。因此在最後，對於「韌性」和「希望」這兩個盟友，如何幫助你們保持樂觀，在一個快速變化的世界裡，繼續展望一個成功的未來，我想再提出一些見解，讓你們有更深刻的認識。

對未來有一種健康的不確定感，並對可能出現的陰影保持警惕，這是很自然的現象。遇到難題時，找到調整的方法，並有能力重新振作起來，這對管理你的職涯至關重要。所以學著接受失敗和錯誤，不要把自己撕成碎片。韌性的作用就像心肺復甦術一樣，讓你從逆境中恢復過來。

《韌性的作用》（*How Resilience Works*）一書的作者、《哈佛商業評論》（*Harvard Business Review*）的前主編黛安・庫圖（Diane Coutu），在研究了許多理論之後，總結出了**有韌性的人有三種特徵：**

一、接受現實。

二、感覺生命是有意義的。

三、即興發揮的非凡能力[26]。

就算你覺得自己好像沒有具備這幾項令人欽佩的品質，也要日復一日的努力練習。透過練習，你會發現每一項都能幫助你建立積極正面的人生觀，增強你的韌性。

有些人似乎天生就有一個穩定的、永不停歇的陀螺儀，無論遇到什麼情況，他們都能穩若泰山。即使你沒有天生的平衡能力和這種令人羨慕的適應力，你也不必感到焦慮。你先天沒有具備的東西，還是可以靠後天學習。下面的方法將會教你，**遇到狀況時該如何恢復**，尤其重要的是，讓你避免災難性的反應，那只會使危機和挫折變得更糟：

- 採取正面的態度。韌性不是去否認失落。事實上，去體驗和失落相關的情緒，才是比較健康的作法。真正的韌性，是從失敗中吸取教訓並迅速恢復的能力。帶著對未來的教訓，你朝著隧道盡頭的光明前進，帶著清醒的頭腦出現。

---

26 Diane Coutu. “*How Resilience Works,*” Harvard Business Review 80 no. 5 (2002).

幽默感和笑聲可以幫助你迅速走出這條隧道，同時避免絕望的感覺把你拖垮。有多少次，當你回顧某件具有挑戰性的人生大事，才意識到它並沒有當時看起來那麼嚴重時，也就一笑置之了？

- 去找朋友和家人。內向者傾向於把自己的感受、個人的成功與失敗，全都放在自己心裡，即使是在最艱難的時候。然而，這種自我收容的方法，很難讓你培養出韌性。從谷底回彈的一個關鍵，就是向家人和親密的朋友求助，接受那些願意傾聽和支持你的人的幫助。
- 幫助那些有需要的人。在接受幫助的同時，也去幫助有需要的人，這可以讓你正確看待自己的處境。華頓商學院教授、《擁抱B選項：面對逆境、建立韌性尋找快樂》（*Option B: Facing Adversity, Building Resilience and Finding Joy*）的作者之一亞當・格蘭特（Adam Grant）對一組員工進行了研究，要求他們記錄自己的貢獻。研究顯示員工提到，在工作場所幫助他人能獲得顯著的好處。格蘭特解釋說：「真正能提高韌性的，**不是去注意別人為我做了什麼，而是我為別人做了什麼。**」[27]
- 內省。**韌性強的人有一種本領，懂得問自己一些問題，從而激發並產生各種選擇。他們不會追問到底是誰的錯**、什麼導致了他們的厄運。相反的，他們會問這樣的問題：「這件事帶來的教訓是什麼？」和「我現在有什麼選擇？」這些想法往往能打開大門，迎向創造性的解決方案和絕妙的計劃。

• 採取行動。設定現實目標的時機，就是當你深吸一口氣、擁抱挑戰、接受問題、準備前進的時候。當事情不順利時，你的能量可能會被耗盡，所以不要指望做一個動作就能改善事情。專注於任務的某個特定方面，朝著你的目標邁出一小步。這一步所帶來的成就感，無論多麼微小，都能讓你擺脫一些懶散，並給你必要的力量，繼續沿著成功之路前進。你必須有很強烈的動機才能使某件事發生，這是一種謬論。單純的開始行動就好，這第一步就會點燃你的欲望和動力。

身為一個內向者，你傾向於充分探索問題的深度，並運用你的創意思考能力，想出新穎和有趣的想法。這些特質是你一直具備的，而且它們在工作場所非常受歡迎，也不令人訝異。你性格中的這些自然元素，將成為你在變化汪洋中的救生衣。只要將你固有的深思熟慮方式，與一點韌性相結合，無論職涯中可能出現什麼不愉快的意外或創傷性的改變，你都能從中隨機應變。

---

27 Catherine Clifford. “Adam Grant: Resilience Is the Secret to Success,” CNBC.com, June 2017, www.cnbc.com/2017/06/06/adam-grant-how-to-improve-resilience.html.

通往成功職涯的道路上，充滿了里程碑和各式各樣的挑戰。被解僱、裁員或似乎永遠看不到盡頭的不斷找工作，即使是最樂觀的人，也都會感到沮喪。你可能會感到一種羞恥感悄然而至，同時你也會覺得自己的身分有一部分被剝奪了。這種被拋棄的感覺，甚至會導致憂鬱症。

我很多客戶在面對這類職業挑戰時，經常會問：「我到底有什麼問題？」回顧自己可能是做了什麼或沒做什麼而導致目前的事態，這固然很重要。但是當你在自我評估的時候，也要提醒自己，**丟掉工作或錯過升職機會並不可恥，許多成功人士都經歷過這樣的事情**。

希望是一種深沉而睿智的聲音，它讓你確信，不管遭遇到什麼不幸，你都能看到一個有意義的未來。這混合了正向思考、承受損失、了解可能性、克服障礙，以及讓你重新掌握狀況。

夏恩・羅培茲博士（Shane J. Lopez）是蓋洛普（Gallup）的心理學家和資深科學家，他進行了幾項關於希望的研究。在創造他的希望理論時，他提出了以下四個主要概念：

一、未來會比現在更好。

二、我有能力讓它成真。

三、通往目標有很多途徑。

四、而沒有一條是無障礙的[28]。

把你的職業發展想像成一個令人興奮的，甚至是驚險刺激的故事。擁抱你的內向性格，就像擁抱一個熟悉的朋友一樣，並且時不時的大膽挑戰它的本性。隨著時間推移，這些行為看起來就不會那麼大膽，只是你本質的另一種變化而已。如何過生活，有一部分取決於你如何度過路上的坎坷起伏，所以當你走向你的命運時，帶著希望前進吧。

---

28 Shane Lopez. *Making Hope Happen: Create the Future You Want for Yourself and Others*. New York: Atria Publishing, 2013.

致謝

隨著我的專業知識增長，我就越想要把自己的經驗寫成書，這樣我就能把自己成就的興奮之情分享給大家。我也很高興能與一群專業人士、我的家人，還有重要的朋友們，分享這段寫作過程。我感到非常幸運，由於大家豐富的背景和才能，加強了我的決心和努力，最終完成了這本書。

特別感謝安妮・杜伯森（Anne Dubuisson），她幫助我形成最初的概念，並提供了實質的想法。感謝阿比蓋兒・威藍斯（Abigail Wilentz）的巨大努力和無數個小時的章節回顧，幫助我把這些文章提煉成更加精煉的手稿。感謝我的經紀人瑞吉娜・萊恩（Regina Ryan），她的知識和堅持讓我得以完成這一切。職業出版社（Career Press）編輯部門的各位，請接受我真摯深切的感謝，感謝你們極具意義和優雅的文筆，完成了這個工程。感謝克里斯・莫爾納（Chris Molnar）指導我克服恐懼，不斷激勵我前進。

我的職涯受到許多尊重與扶持，來自許多珍貴和支持我的同事。我的大學導師蓋兒・格利克曼（Gail Glicksman），值得我深深感激，因為她激發了我的創意，培養了我的技能。她的見解和智慧使得我的工作成為一份非常豐富的職業。感謝我過去在賓州大學和布林茅爾學院（Bryn Mawr College）的所有同事，特別感謝派特・羅斯（Pat Rose）、雪倫・哈迪（Sharon Hardy）和黛比・貝克（Debbie Becker）。當我在羅徹斯特理工學院（Rochester Institute of Technology）第一次擔任職業諮詢工作時，瑪麗蓮・芬斯特（Marilyn Fain Fenster）是我的精神支柱。

非常感謝我的前合夥人戴安・費德曼（Diane Freedman）還有貝絲・威爾遜（Beth Wilson），他們都是專業人士，在職業諮詢方面堪稱典範。

在當今這個時代，如果沒有一個重要的、精心培養的職業關係網絡，很難在事業上取得更大的成就。感謝我在美國職業發展協會、中大西洋職業諮詢協會、費城職業專業人士協會的同事，以及我在領英上的許多聯絡人。

特別感謝在我的職涯中與我合作過的許多客戶。我從他們身上學到了很多，他們的決心和勇氣仍一直激勵著我。

我特別感謝我的朋友和最佳的支持者吉兒・斯奈德（Jill Sneider）、托比・戈德斯坦（Tobi Goldstein）和黛比・福克斯（Debbie Fox），我從小就有幸和他們相識，且因此感到無比快樂。感謝我的朋友和家人。

還有我的先生約翰・麥柯（John Michel），我為他致上最特別的愛與感恩，感謝他在本書的研究和寫作過程中，給予我不間斷的寬容和支持。

國家圖書館出版品預行編目(CIP)資料

華頓商學院給內向者的表達課：找工作、談薪資、交朋友……不管你表現自我的力量有多微弱，今後都能被看見。／簡・芬克爾（Jane Finkle）著；吳宜蓁譯. -- 初版. -- 臺北市：大是文化，2020.01
288面；17x23公分. --（Think；188）
譯自：The Introvert's Complete Career Guide：From Landing a Job, to Surviving, Thriving, and Moving On Up
ISBN 978-957-9654-59-3（平裝）

1.職業輔導 2.內向性格 3.職場成功法

542.75 108020116

Think 188

華頓商學院給內向者的表達課

找工作、談薪資、交朋友……不管你表現自我的力量有多微弱，今後都能被看見。

作　　者／簡・芬克爾（Jane Finkle）
譯　　者／吳宜蓁
責任編輯／郭亮均
校對編輯／陳竑悳
美術編輯／張皓婷
副總編輯／顏惠君
總 編 輯／吳依瑋
發 行 人／徐仲秋
會　　計／林妙燕
版權經理／郝麗珍
行銷企劃／徐千晴
業務助理／王德渝
業務專員／馬絮盈
業務經理／林裕安
總 經 理／陳絜吾

出 版 者／大是文化有限公司
臺北市衡陽路 7 號 8 樓
編輯部電話：（02）23757911
購書相關資訊請洽：（02）23757911 分機122
24小時讀者服務傳真：（02）23756999
讀者服務E-mail：haom@ms28.hinet.net
郵政劃撥帳號／19983366　　戶名／大是文化有限公司

法律顧問／永然聯合法律事務所
香港發行／里人文化事業有限公司　Anyone Cultural Enterprise Ltd
地址：香港新界荃灣橫龍街 78 號正好工業大廈 22 樓 A 室
22/F Block A, Jing Ho Industrial Building, 78 Wang Lung Street, Tsuen Wan, N.T., H.K.
電話：（852）24192288　　傳真：（852）24191887
E-mail：anyone@biznetvigator.com

封面設計／林雯瑛　　內頁排版／尚宜設計有限公司
印　　刷／鴻霖印刷傳媒股份有限公司

出版日期／2020年 1月 初版
Printed in Taiwan
定　　價／360 元（缺頁或裝訂錯誤的書，請寄回更換）
I S B N ／978-957-9654-59-3